선생님, 죽지 마세요

※ 책에 나오는 인명은 모두 가명임을 밝힙니다.

선생님, 죽지 마세요

최문정 지음

창해

세상의 모든 선생님들이

행복한 교실에서

아이들과 함께

웃을 수 있기를 바랍니다.

차례

트리거를 당기다 10

업무분장, 모든 갈등의 시작 16

학교 옮기기 23

전입교사 길들이기 28

수업시수 나누기 32

담임을 피하는 방법 37

미성숙한 존재 42

괴물 학부모(Monster parents) 53

교사가 행복한 학교 66

졸업 72

스승의 은혜 77

카르텔 79

편 가르기 89

옳은 교사 94

아이의 죽음 101

마지막 전화 110

어떤 날 113

악(惡)의 해, 동화 속에서 걸어 나오다 118

악의 평범성(Banality of evil) 125
첫 정신과 진료 136
가면 연극 145
숨은그림찾기 150
정신과 환자들 152
알코올중독 158
기억을 잃다 165
강박증 169
공황장애 174
신체화장애 178
하지불안증 183

시한부 인생 188

정신과 병원을 추천합니다 196

항우울제, 행복을 만들어내다 199

졸피뎀, 잠든 채 걷다 203

각성제, 머리가 좋아지는 약 213

가면을 벗다 218

여우와 신 포도 220

다른 길 224

에필로그 236

트리거를 당기다

트리거(Trigger)는 '총의 방아쇠' 또는 '변화의 계기'라는 뜻이다. 심리학이나 사회학에서 트리거는 감정을 통제할 수 없게 만드는 사건이나 생각을 뜻한다. 즉, 트리거는 트라우마를 떠올리게 하는 자극으로 트라우마 사건 당시 느꼈던 우울감, 공허감, 무력감, 분노 등 부정적 감정을 되살려내고 증폭시킨다. 별것 아닌 사소한 일도, 평범하게 자주 발생하는 일도 어떤 사람에게는 트리거가 될 수 있다.

스물셋의 앳된 교사가 학교에서 자살했다. 학부모의 악성 민원, 교권 추락, 아동학대법, 카르텔 그리고 또 다른 교사의 자살……. 언론에서는 학교와 관련된 기사를 끝도 없이 쏟아냈다. 그리고, 나는 다시 잠들지 못했다.

교사의 자살, 교권 추락, 아동학대법, 학부모 민원, 카르텔…….

그 모두가 나의 트리거…….

나는 인생에서 가장 끔찍하고 잔혹한 시간으로 끌려가지 않으려 버둥거렸다. 하지만 노력이나 의지만으로 되지 않는 것이 존재한다. 내 시계는 상처와 고통으로 발버둥 치던 바로 그 악(惡)의 해에서만 맴돌았다. 수치심, 모멸감, 분노……. 사라졌다고 믿었던 과거의 감정이 밑바닥에서 올라와 들끓기 시작했다.

인간의 본성이 선하다는 믿음은 그해에 완벽히 부서졌다. 세상의 모든 악(惡)이 나를 향해 달려들었다. 교장의 태만, 교감의 갑질, 교사 간 갈등, 불공정한 업무분장, 부당한 업무지시, 아동학대 고소를 협박으로 사용하는 아이들, 부당하고 어이없는 학부모 민원…….

처음에는 악(惡)에 저항하고 비(非)와 대립했다. 하지만 나는 힘없는 개인에 불과했다. 악에 물어뜯긴 내 육체와 정신은 너덜너덜하게 찢기고 닳았다. 지쳤다. 질 게 뻔한 싸움을 더는 하고 싶지 않았다.

언제나 '옳은' 교사가 되고 싶었다. 객관적으로 냉정하게 판단하자면 나는 '좋은' 교사가 되기에는 자질과 능력이 부족하다. 하지만 부족한 나일지라도 '옳은' 교사는 충분히 될 수 있다고 생각했다. 오만한 판단이었다. 그저 너무 지쳐서 악과의 싸움을 포기했다고 생각했다. 하지만 아니었다. 나는 어느새 나를 둘러싼 악에 물들어 있었다.

철학자 프리드리히 니체(Friedrich Nietzsche)가 말했다.

"누구든 괴물과 싸우는 자는 그 과정에서 자신이 괴물이 되지 않도록 주의해야 한다. 당신이 오래도록 나락을 들여다보면 나락 또한 당신을 들여다보는 법이다."

나도 모르는 사이, 나는 괴물이 되어 있었다. 악이 되어버린 나를 인정할 수도 믿을 수도 없었다. 아니, 그 무엇보다 괴물이 되어버린 나를 용서할 수 없었다.

악은 사라져야만 했다.

괴물은 없어져야만 했다. 비록 나 자신이어도 말이다.

그래서 내 손으로 나를 죽이기로 결심했다.

자살을 위한 많은 선택을 두고 고민하고 갈등했다. 하지만 딱 한 가지, 자살 장소만은 고민하지 않았다. 나는 학교 정문에서 죽기로 결정했다. 학생, 학부모, 교사, 교감, 교장, 교육청 그 모두에게 내 죽음의 이유를 각인시키고 싶었다.

'너희 때문이야. 너희 때문에 내가 죽는 거야. 너희가 날 죽인 거야.'

그것이 악하고 그른 그들의 만행을 알릴 수 있는 마지막 방법이었다.

자살을 위해 여러 가지 준비를 하며 그해 사건 기록을 바탕으로 소설을 쓰기 시작했다. 단 한 순간도 그해의 기억에서 자유롭지 못했다. 그해의 기억에 갇혀 죽고 싶지는 않았다. 글로 토해내고 나면 잊을 수 있을 것 같았다. 한 글자, 한 글자 쓸 때마다 그해의 기억이 날 아프게 하는 시간이었다. 그 잔인한 상처와 고통을 되짚으며 매일 울었다.

우울증은 점점 심각해졌다. 우울증에 의한 뇌 손상으로 인지 능력이 저하되고 집중력이 약해졌다. 글을 쓰지 못할 수도 있다는 가능성이 나를 공포로 몰아넣었다. 반드시 소설을 완성해야만 했다. 그래서 나는 내 발로 정신과를 찾아갔다. 정신과 상담이나 항우울제의 효과는 기대하지 않았다. 그저 소설을 완성하기 위한 어쩔 수 없는 선택이었다. 하지만 정신과 치료 5년 차, 나는 아직 나를 죽이지 않았다.

우울감이나 자살 충동은 감소했지만 우울증이 완치된 것은 아니다. 일반적으로 정신병은 완치가 없다. 단지 그 증상이 약해지는 관해(remission, 완화)가 있을 뿐이다. 나도 마찬가지다. 언제나 나아졌다 싶으면 다시 재발하는 것이 우울증이다. 올여름, 언론은 교육과 관련된 기사를 쏟아냈다. 모든 기사가 나의 트리거였다. 기사 제목만 봐도 가슴이 답답해져 숨을 쉬기 힘들었다. 불쑥불쑥 그해 사건들이 내 의식을 점령했다. 무의식도 트라우마에서 자유롭지 않았다. 꿈속에서도 나는 그해의 한가운데서 허우적거렸다. 상태가 호전돼 줄였던 항우울제와 수면제 복용량을 다시 늘렸다.

곧 여름방학이 끝난다. 두렵지만 학교로 돌아가야만 한다. 학교로 돌아갈 용기를 내기 위해서 나는 다시 글을 쓰기 시작한다.

새내기 교사가 학교에서 자살한 원인을 두고 다양한 추측이 쏟아졌다. 과다한 학부모 민원, 교권 추락……. 해결 방법도 쏟아졌다. 상담 예약제, CCTV 설치, 민원용 휴대폰 지급……. 하지만 지금 제시되는 의견으로는 충분치 않다. 한 사람이 자신의 죽음을 결정하고 실행하기까지의 과정은 그리 단순하거나 간단치 않다. 학생, 학부모, 교사, 교감, 교장, 교육청까지 모두가 복잡하게 뒤엉켜 교사를 자살로 내몬다.

우울은 가장 쉽게 전염되는 감정이다. 교사의 불행은 학생에게로, 학부모에게로 그리고 다른 누군가에게로 번져나간다. 그렇게 우리 모두 불행해진다. 불행에서 벗어나려면 우리 모두 변해야 한다. 그 변화를 위해 나의 개인적 경험을 정리하고 분석해 공개하기로 했다. 개인사를 드러내는 데는 많은 용기가 필요하다. 그 어느 때보다 출판 후 반응이 두렵다.

내 기억과는 전혀 다른 기억을 가진 학생, 내 의견이나 주장에 심기가 불편할 교장·교감, 내부 문제를 드러내는 나를 못마땅하게 여길 동료 교사, 내 경험을 믿지 못하는 학부모…….

모두가 나를 비난하고 공격할 가능성이 있다. 그렇다고 해도 나는 더 이상 망설이지 않을 것이다. 단 한 명의 교사라도 죽음에서 구해낼 수 있다면, 내 제자들이 사는 세상이 달라질 수 있다면, 나는 괜찮다.

업무분장,[1] 모든 갈등의 시작

교사는 공강 시간 동안 자유롭게 쉬는 여유로운 직업이라는 생각은 완벽히 잘못된 편견이다. 공강 시간은 다음 차시 수업 준비와 행정업무 처리만으로 순식간에 지나간다. 행정업무를 잡무라고 부르기도 하는데, 그렇게 불리기엔 행정업무량이 만만치 않다.

학교는 수평적 구조다. 그러니 업무분장 방법도 단순하다. 교장과 교감을 제외한 교사들 머릿수대로 학교 전체 행정업무를 나누면 된다. 하지만 불행하게도 업무란 게 숫자가 아니니 수학 계산처럼 정확히 나누어떨어지지 않는다. 당연히 각각의 업무강도가 똑같을 수 없다. 게다가 행정업무는 해마다 업무량이 변한다. 운이 나쁜 경우, 갑자기 교육청에서 새로운 사업을 시작해

없던 업무가 만들어지기도 한다. 그래서 행정업무는 항상 골칫거리다. 갑자기 행정업무가 밀려들 때면 수업 준비는커녕 수업 시간에도 행정업무를 처리해야 하는 일까지 생긴다.

갑작스럽게 닥쳐서 짜증 나는 대표적인 행정업무는 국회의원이나 감사의 자료 요구다. 일을 처리할 시간 여유 따위는 주지 않는다. 하루 이틀 내에 지난 몇 년 동안의 무슨 현황을 제출하라고 한다. 똑같은 자료를 몇 번이나 양식만 조금 바꿔 다시 제출하라고 할 때도 있다. 아직 마감일이 안 되었는데 장학사가 빨리 제출하라고 메시지를 보내며 재촉하기도 한다. 하루 종일 수업을 미뤄두고 제출할 자료를 작성하다가 퇴근하는 일도 종종 발생한다. 그러니 교사의 행정업무를 '부수적'이라 표현하기에는 무리가 있다.

누구나 편하고 여유로운 직장생활을 꿈꾼다. 교사들도 마찬가지다. 어떻게든 행정업무량이 적은 자리를 희망한다. 그러다 보니 아무도 지원하지 않는 기피업무가 많이 발생한다. 학교폭력 담당은 모두가 꺼리는 대표적 업무다. 업무분장으로 인한 불만도 많다. 그래서 업무분장 희망원의 희망 업무 순위는 점점 늘어난다. 과거에 희망 업무를 3지망까지 썼다면 요즘 들어서는 5지망까지 쓰라고 한다. 문제는 희망할 정도로 하고 싶은 업무는 아무리 쥐어짜도 2가지 정도라는 데 있다.

2순위까지 적어서 제출하면 "빈칸 없이 쓰셔야 합니다" 하는 교무부장이나 교감의 메모과 함께 희망원이 내게로 돌아온다. 결국 꾸역꾸역 써넣은 5지망은 하기 싫은 업무 중 그나마 나아 보이는 업무다. 한마디로 말해 1지망 외에 다른 업무 희망은 그저 관리자들의 변명을 위한 행정절차에 불과하다. 최선의 선택 따위는 존재하지 않는다. 최악을 피하기 위해 선택할 뿐이다.

요즘에는 겨울방학 전까지 다음 해 업무분장 희망원을 제출한다. 모두가 서로의 눈치를 보며 어떤 업무를 희망할지 고민하느라 분위기가 뒤숭숭하다. 기존업무를 연달아 하면 업무에 익숙하다는 장점이 있다. 새로운 업무는 아무래도 부담되기 마련이다. 기피업무의 경우 희망자가 없으니 연속으로 맡을 수도 있지만, 선호업무의 경우는 거의 불가능하다. 공정한 업무분장의 기본 원칙은 순환이다. 이래저래 고민으로 잠까지 설친다.

1지망으로 지원하는 부서는 진로상담부, 예체능부, 정보부, 과학부 등으로 어느 학교나 비슷하다. 중요업무가 적고 본교무실과 멀리 떨어진 별실을 사용하니 근무환경이 조금 느슨한 편이다. 당연히 경쟁률이 치열하다. 1지망 업무에 배정되는 행운은 아무에게나 주어지지 않는다. 임산부나 고령이라도 경쟁에서 밀려나기도 한다. 결국 대부분의 교사들은 후순위 지망 업무를 배정받는다. 5지망은커녕 생뚱맞은 업무를 배정받는 일도 허다하다. 업무분장에 불만인 교사가 교장에게 항의하러 가면 교장은 당당하게 말한다.

"선생님이 분명히 5지망에 이 업무를 희망하셨잖아요. 그래도 선생님의 희망을 반영하려고 노력했습니다."

교장과 교감은 교사의 희망을 최대로 존중해 업무분장을 했다고 주장하려고 업무분장 희망 순위를 적는 칸을 점점 더 늘려갈 것이다.

학교 업무분장의 가장 큰 문제점은 불공정성이다. 교사의 행정업무는 다양하고 복잡하다. 모든 업무를 다 겪어본 교사는 아무도 없다. 대충 업무강도를 짐작할 수는 있지만 정확히 모르니 공정한 분배가 힘들다. 언제나 업무가 심각하게 과다한 자리가 생겨버린다.

공정한 업무분장을 하려면 교장·교감이 학교 업무 전반에 대해 완벽히 파악하고 있어야 한다. 하지만 불행히도 그런 경우는 드물다. 자신이 경험한 업무만 중요하고 힘들다고 생각한다. 그래서 교장·교감의 과거 업무가 업무분장에 영향을 주는 경우가 많다. 과거 업무에 대해 잘 알고 있는 경우는 그나마 낫다.

교감 자격연수를 받으려면 3년간 근무성적[2]이 학교에서 1등이어야 한다. 일반적으로 업무량이 가장 많은 교무부장이 1등수 근무성적을 받는다. 다른 점수가 넘쳐나도 근무성적 점수를 채우지 못하면 교감이 되는 것은 불가능하다. 즉, 3년간 교무부장을 해야만 교감이 될 수 있다. 교무부는 학사일정이나 성적 등 중요한 업무를 담당하고, 교무부장은 교무업무 전체를 총괄하며 학교 행정 전반에 대해 배운다.

교무부장의 업무능력이 부족하면 학교는 항상 어수선하다. 그나마 능력이 부족한 것까지는 이해할 수 있지만, 문제는 업무를 수행할 의지도 없고 노력도 하지 않는 교무부장이다. 무능력하거나 업무를 기피하는 교무부장은 3년간 학교를 혼란에 빠뜨리고도 그저 승진점수를 채웠다는 이유로 교장·교감이 된다. 그리고 자신만의 기준으로 업무분장을 한다.

업무량이나 업무 강도와 상관없는 불공정한 업무분장은 모든 갈등의 시작이다. 도대체 왜 교육지원청이 공정한 업무분장을 위해 나서지 않는지 알 수 없다. 업무분장 기준을 명확하고 자세하게 만들어 배포하면 교육 현장의 혼란이나 갈등이 줄어들 것이다. 교육지원청은 다른 일은 잘만 '지시'하고 '명령'도 하면서 정작 '지원'이 필요한 일에는 나서지 않는다.

일반적으로 기피업무는 신규교사나 전입교사의 몫이다. 잘못된 업무분장에 대해 항의하면 교장과 교감의 반응은 늘 비슷하다. 교사의 사명감으로 어쩌고저쩌고…….

교사도 엄연한 직업이다. 노동에는 반드시 임금이 따른다는 법칙이 적용돼야 한다. 일방적인 희생과 봉사 정신을 강요해서는 안 된다. 똑같은 월급을 받으면서 힘들고 어렵고 많은 업무를 수행하는 일은 사명감이나 책임감의 문제가 아니다. 잘못된 업무분장을 순순히 받아들이지 않고 저항하는 교사가 많을수록 다음 해에는 업무분장이 좀 더 공정하게 이루어질 수 있다. 하지만 대부분은 포기하고 체념한다. 한번 정해진 업무분장이 바뀔 리 없고, 괜스레 불평불만 많은 교사라는 오명만 뒤집어쓰기 때문이다.

그래서 불공정한 업무분장은 매년 반복된다.

[1] 업무분장이란 학교 행정업무를 나누는 일을 뜻한다. 일단 행정업무의 성격에 따라 여러 부서로 업무를 분배한다. 교무부는 학적, 출결, 생활기록부, 시간표 등을 담당하는 규모가 가장 큰 부서다. 연구부는 출제를 비롯한 고사 관련 업무, 교직원 연수, 기초학력평가 등을 담당하는 부서다. 학생부는 학교폭력 사건, 학교생활 인권규정, 생활지도 등을 담당하는 부서다. 교무부, 연구부, 학생부가 핵심이고 그 외에는 학교에 따라 교육과정부, 진로상담부, 과학부, 정보부, 인문사회부, 환경부 등 여러 부서가 있다. 교장이 어느 부서의 업무를 중요시하느냐에 따라 부서의 업무 강도가 달라진다. 딱히 어느 부서에 들어맞는 성격이 아닌 행정업무의 경우, 업무분장을 결정하고 나서도 부장들이 타 부서에 일을 떠넘기기 위해 신경전을 펼치기도 한다.

[2] 교사의 근무성적은 수, 우, 미, 양, 가로 나뉘는데 수의 성적 중 1등을 '1등 수'라 부른다.

학교 옮기기

교사는 한 학교에 5년 이상 근무할 수 없다. 그래서 한 학교에 근무한 지 4년이나 5년 만기가 된 선생님들은 12월이 되면 옮길 학교를 찾아보기 시작한다. 하루에도 몇 번씩 특정 과목의 TO가 있냐고 묻는 전화가 걸려 온다. 교육청에서는 각 학교의 교원현황에 대해 자세히 알면서도 교사들에게 알려주지 않는다. 결국 교사들은 지인을 통해 다른 학교에 자신의 과목 TO가 있는지 따로따로 알아보아야 한다.

2학기 말은 생활기록부를 정리하느라 바쁜 시기다. 기말고사가 있기도 하다. 교육청에서 교원수급현황에 대해 조금만이라도 정보를 준다면 다른 학교에 전화를 걸어 TO 여부를 확인하는 수고스러움을 덜 수 있을 것이다. 하지만 교사들이 계속 요구하는

데도 교육'지원'청은 단순한 만기자 현황 조사를 공개하는 '지원' 조차 하지 않는다. 그래서 교사들은 쉬는 시간이나 공강 시간만 되면 여기저기 학교 사정을 알아보느라 바쁘다. 운 좋게 TO가 있는 학교가 여럿일 경우에는 선택의 폭이 넓어진다. 그 학교 교장은 어떻다더라, 학부모나 학생들은 어떻다더라……. 아는 것이 곧 힘이다. 생생한 정보를 얻기 위해 통화를 하다 하루가 다 가는 일이 흔하다.

어느 학교로 가느냐에 따라 5년이 결정되니 다른 것은 모두 제쳐두고 정보수집에만 매달린다. 이래저래 내신서를 제출하기 전까지 학교는 뒤숭숭하다. 남아 있을 교사도, 떠나갈 교사도 싱숭생숭해서 일이 손에 잡히지 않는다.

교사의 전출입 희망을 기재한 내신서[1]는 12월 초에 제출하지만, 교사 전출입은 2월 중순이나 되어야 발표된다. 전출입을 위한 컴퓨터 프로그램까지 있다는데 그렇게 긴 시간이 걸리는 이유는 알 수 없다. 원칙대로 하면 단순한 일을 복잡하게 만드는 사람들이 많다는 소문만 들었을 뿐이다. 교사들이 선호하는 지역은 제한적이다. 그래서 선호지역을 희망한 교사들을 점수로 줄을 세운다. 가장 기본적인 점수는 현재 소속된 학교에서 얼마나 오랫동안 근무했느냐인데, 별 의미가 없다. 대부분이 5년 만기이기 때문이다. 어떻게든 줄을 세우기 위해 별의별 가산점을 만들어낸다.

경합지역의 경우 단순 5년 만기로는 절대 전입할 수 없다. 3지망까지 희망지역을 쓰게 되어 있는데, 운이 나쁘면 희망하지 않은 지역으로 발령이 난다. 기피 지역은 대부분 외곽이다. 내가 근무하는 경기도는 지역이 넓어서 외곽으로 발령 나면 서울에 거주하는 교사들은 4시간의 출퇴근 시간을 견뎌야만 한다. 그러니 어떻게든 주거지와 가까운 학교로 발령받기 위해 모든 수단을 동원하기 마련이다.

교사들의 근무환경 순환을 위해 한 지역에 10년 이상 있을 수 없다는 규정이 있지만, 언제나 그렇듯이 예외가 존재한다. '초빙 교사'가 그 예외다. 학교장이 초빙한 교사는 초빙기간이 지역 만기 산정에 포함되지 않는다. 즉, 지역 만기 10년이 넘어도 초빙 교사가 되면 같은 지역에서 계속 근무할 수 있다. 먼 외곽으로 옮기기 싫은 교사들은 '초빙제도'를 이용해서 계속 같은 지역에 근무한다. 초빙 횟수에 제한이 없기 때문이다. 그래서 경합지역의 경우 초빙 교사 비율이 높다. 즉, 다른 지역으로 옮기는 교사 인원이 적다. 들어가고 싶은 사람은 많은데 나오는 사람이 없으니 교사 전입 적체 현상은 점점 심해진다. 초빙을 거듭해 특정 경합지역에서만 20년 넘게 근무하는 교사도, 한 학교에서 10년 넘게 근무하는 교사도 심심치 않게 본다.

특정 학교나 특정 지역에서 오래 근무하는 것이 무조건 나쁘다는 뜻은 아니다. 하지만 여러 가지로 문제가 많아서 지역 만기라는 규정을 만든 것인데, 이 규정과 어긋나는 초빙 교사 제도를 굳이 만든 이유는 교장들의 요구 때문이다. 교사의 초빙은 학교운영위원회의 심의를 받지만, 결국은 학교장의 의견이 가장 중요하게 반영된다. 한마디로 교장 마음에 드는 사람을 뽑는다. 그러다 보니 초빙 교사의 경우 교장의 부당한 요구에도 순응하는 경우가 많다. 괜히 교장에게 반항했다가는 즉시 '초빙 해지'가 될 수도 있기 때문이다.

초빙 교장[2]은 전체 교원수의 50%까지 교사를 초빙할 수 있다. 교장이 교사 절반의 목줄을 쥐고 있는 셈이다. 그러다 보니 교사들의 다양한 의견은 무시되기 일쑤다. 민주주의의 꽃이라 불리는 집단의사결정 방식인 다수결은 당연히 교장 편이다. 다수의 의견이 무조건 합리적이고 옳은 것은 아니다. 다수결의 역설이다.

몇몇 교사가 다른 의견을 내며 맞서보기도 하지만, 개인과 집단의 싸움은 애초에 승자가 정해져 있다. 다양한 의견 수렴 따위는 없다.

그렇게 교장은 학교에서 무소불위 권력을 휘두른다. 교장의 황당한 지시나 부당한 상황을 견디기 힘들면 교사가 학교를 떠나는 수밖에 없다.

---

[1] 내신서는 전보발령을 위해 내는 서류다. 지역 만기가 되지 않고 현임교 근무연수가 5년 만기인 경우 같은 지역 내에서 3지망 학교까지 쓸 수 있다. 보통 경합지역은 10년이 되면 다른 지역으로 옮겨야 한다. 다른 지역으로 옮길 때는 학교명이 아니라 지역을 3지망까지 쓸 수 있다.

[2] 초빙 교장은 공모를 통해 선발되는 교장이다. 1차로 학교운영위원회가 응모한 교장 후보자들을 대상으로 심사해 순위를 정한다. 그리고 교육감이 심사위원회를 열고 2차 심사를 진행한다. 하지만 학교운영위원회의 결정이 뒤바뀌는 일은 없다. 즉, 학부모가 선택한 사람이 교장이 된다. 그래서 초빙 교장은 학부모 눈치를 많이 본다. 초빙 교장은 어떻게든 뛰어난 업적(고등학교의 경우 대입 결과)으로 재초빙되려고 노력한다.

전입교사 길들이기

다른 학교로 전입하는 일은 아무리 경력이 많은 교사라도 두려운 법이다. 낯선 환경에 적응하는 것 따위는 문제가 되지 않는다. 2월에 전출입 발령명단이 교육청 홈페이지에 게시되자마자 전입할 학교에서 전화가 온다. 어떨 때는 발령공고가 나지 않았는데도 학교로 오라고 전화가 온다. 새로운 학교에 가서 맨 처음 하는 일은 업무분장 희망원 작성이다. 그때부터 한숨이 나오기 시작한다. 전입 첫해에는 기피업무와 학년이 배당되는 경우가 많기 때문이다. 수업시수가 공평하게 나뉘지 않을 경우, 수업을 더 많이 떠맡는 것도 결국 새로 전입한 교사들이다. 텃세와 태움이 교묘히 섞여 만들어진 부당한 관행이지만 모두 당연하게 여긴다.

다음 해 업무분장 희망원을 받는 시기는 점점 앞당겨져 요즘은 거의 12월에 희망원을 받고 겨울방학 중 업무분장을 한다. 그러니 당연히 기존 교사들의 업무분장 희망이 먼저다. 기피업무를 희망하는 기존 근무 교사는 아무도 없다. 그렇게 기피업무는 새로 전입한 교사나 신규교사들의 몫으로 남는다.

학교에서 가장 바쁜 시기는 당연히 3월이다. 전입교사에게는 끔찍하게 힘든 한 달이기도 하다. 낯선 학교 분위기와 행정절차에 적응하기도 전에 해야 할 업무가 밀려든다. 기존에 근무하던 학교와는 행정절차가 달라 고경력 교사들도 전입하면 버벅거리기 일쑤다. 누군가에게 물어보고 싶지만 이제 겨우 얼굴만 간신히 익힌 상태인 데다 온갖 잡무에 바쁜 기존 근무 교사에게 자꾸 질문하는 게 미안하기만 하다. 그래서 일의 진행이 느리니 퇴근도 늦다.

너무나 다행스럽게도 어쨌든 시간은 간다. 전입한 첫해만 고생하면 다음 해에는 원하는 업무와 학년을 맡을 수 있으니 일단 한 해만 견디면 된다. 다들 그렇게 되뇌면서 전입 첫해를 견뎌낸다.

전입한 교사에게 과다한 업무를 맡기는 것은 불합리하고 불공정한 관행이다. 누군가가 나서서 고쳐야 하는데 모두 모른 척한다. 변화에는 언제나 저항이 따르기 마련이다. 교사들의 눈총을 받으며 적극적으로 변화를 이끌어갈 만큼 용감한 교사는 많지 않다. 교사뿐만 아니라 평범한 인간은 누구나 '안정'과 '평화'를 추구한다. '갈등'을 주도하는 사람은 어느 집단에서나 환영받지 못한다. 말썽을 일으킨다고 비난받는 경우도 많다. 하지만 갈등이 없으면 발전도 없다는 것을 잊지 말아야 한다.

학교는 인간이 성장하는 데 가장 중요한 역할을 하는 사회집단이다. 아이들이 학교에서 배우는 것은 단순한 지식만이 아니다. 긍정적인 가치관, 부지런한 생활 태도, 노력하는 자세, 타인에 대한 배려와 존중, 정의 실현……. 어쩌면 아이들이 학교에서 배우는 것 가운데 가장 사소한 것이 지식일 수도 있다. 그렇기에 학교는 이상적인 사회를 지향해야 한다.

하지만 아이들에게 부끄럽게도, 안타깝게도 일부 교사들은 잘못된 관행이나 이기적인 마음가짐을 바로잡을 생각도 의지도 없어 보인다. 오히려 공정한 업무분장을 주장하는 교사를 부정적으로 생각한다. 제발 변화를 위해 노력하는 교사들을 비난하고 손가락질하지 말았으면 좋겠다. 집단도 살아남기 위해 변해야만 한다. 변하지 않는 집단은 병들고 도태될 수밖에 없다. 그러니 학교를 살리기 위해 앞장서는 동료 교사들을 조금만 더 따뜻한 시선으로 바라보기를 바란다.

수업시수[1] 나누기

담임과 업무가 발표되고 나면 같은 교과목 선생님들이 모여 수업시수를 결정하는 회의를 한다. 교사의 가장 중요한 업무는 수업이다. 교사가 일주일에 하는 수업 시간을 주당 시수라 하는데, 주당 시수가 얼마냐에 따라 일 년이 결정된다. 가능한 한 공평하게 수업 시간을 배분하기 위해 교사들은 머리를 싸매고 고민한다. 온갖 방안이 나오지만 아무 소용 없다. 어느 경우에도 유리하거나 불리한 경우가 생긴다. 2개 학년 수업을 해야 하거나, 평균 시수보다 서너 시간 적거나 많은 경우가 생기면 교사들은 한참 침묵을 지킨다.

일반적으로는 담임에게 우선 선택권을 주고, 담임은 당연히 가장 적은 수업시수를 선택한다. 보통은 그렇게 담임을 배려한다. 단, 배려는 수업시수가 비슷한 경우에나 가능하다. 수업시수 차이가 서너 시간 이상 벌어질 때는 담임의 우선 선택권을 반대하며 자신의 힘든 상황을 강조하는 교사가 반드시 나온다. 저는 아직 아이가 어려서, 저는 집이 너무 멀어서, 저는 지병이 있어서, 저는 나이가 많아서, 저는 업무가 많아서……. 그야말로 양보와 배려 따위는 존재하지 않는 치열한 싸움이다.

교사들은 평균적으로 일주일에 18시간, 하루에 서너 시간 수업을 한다. 어떤 수업방식을 사용해도 수업 중 가장 말을 많이 하는 사람은 교사다. 강의만으로 이루어지는 수업은 교사들이 더 꺼린다. 두 시간 연달아 강의식 수업을 하면 너무 지쳐서 머릿속까지 멍해진다. 목소리를 내려고 움직이는 것은 성대인데, 이상하게도 온몸의 에너지가 빠져나간다.

모든 교사가 당연히 한 시간이라도 적은 수업시수를 원한다. 가장 큰 갈등의 시작이다. 과거에는 전입한 교사가 조건이 나쁜 수업시수를 억지로 떠맡는 경우가 많았는데, 요즘은 그렇지 않다. 행정업무야 교장·교감이 결정해서 통보하지만, 수업시수는 선택의 기회가 존재한다. 편안한 일 년을 위해서라면 체면이나 남들의 시선 따위는 무시된다. 처음 보는 사이에 고성이 오가기도 한다. 그래도 중재하는 이는 없다. 한쪽 편을 들어주다가는 다른 한쪽과 사이가 나빠질 게 뻔하니 다들 나서지 않고 모른 척 한다.

결국 결론은 하나밖에 없다. 제비뽑기! 그나마 제비뽑기는 낫다. 교장·교감이 특정 교사의 수업시수를 줄여주라며 끼어드는 경우는 정말 최악이다. 수업시수가 결정되고 나서도 갈등은 끝나지 않는다. 나쁜 감정은 일단 쌓이기 시작하면 절대 사라지지 않는다. 오히려 시간이 흐를수록 더 단단하게 굳는다.

동학년 동교과 교사는 교육과정 계획[2]이나 시험문제 출제[3] 등 함께 해야 하는 일이 많다. 수업시수 갈등은 교과 업무[4] 분장에도 영향을 미친다. 수업시수가 많거나 다학년 수업을 담당한 교사들은 당연히 교과 업무를 적게 하려 한다. 그 정도의 배려와 양보는 해줘도 되는데, 기어이 똑같이 나누거나 번갈아 하자고 주장하는 교사가 있으면 또 갈등이 생긴다.

동학년 동교과 교사들의 사이가 좋으면 장점이 많다. 실험·실습 등의 수업을 먼저 하고 나서 장단점이나 문제점을 알려주기도 하고, 새로운 수업 방법을 공유해 다양한 수업을 시도할 수도 있다. 또 어떤 예를 들어 어떻게 설명해야 학생들의 이해도가 높아지는지에 대해 함께 고민할 수도 있다. 그렇게 서로의 어려움을 공감하고 서로 격려하면서 교사도 성장해야만 한다. 하지만 수업시수 분담에서 갈등이 생기면 이 모든 것이 불가능하다. 동교과 교사와의 갈등이 악화돼 학교를 옮기는 경우도 보았다. 안타까운 일이다.

학생들에게는 배려와 양보를 가르치면서 정작 교사 자신이 부끄럽게 행동하는 일은 없었으면 좋겠다. 담임 여부나 업무분장을 고려하면 누가 어떤 수업시수를 가져가야 하는지 모두 분명히 알고 있다.

제발 자기 일이 아니라고 모른 척하지 말자. 아무것도 모르는 신규교사나 학교 분위기에 낯설어하는 전입교사에게 과다한 수업시수를 떠넘기지 말자.

이기적으로 굴어서 기어이 좋은 조건의 수업시수를 가져간 당신. 자신이 영리하다고 생각하는가? 아니, 당신은 좋은 동료와 교사로서 성장할 기회를 걷어차버린 것이다.

점점 이기적인 아이와 학부모가 늘어난다. 공감과 이해만 받고 자란 아이들인데 타인에 대한 공감이나 이해는 하지 못한다. 그러니 교실은 언제나 갈등으로 시끄럽다. 따돌리고, 말다툼하고, 몸싸움을 벌인다. 그런 아이들에게 배려나 양보를 가르치고 싶다면 우리 교사들부터 실천해야만 한다.

[1] 주당 수업시수란 일주일 동안 수업하는 시간을 말한다. 중학교는 45분, 고등학교는 50분을 1시수로 계산한다. 같은 과목의 총시수를 교사 명수대로 나눈 평균 시수는 보통 주당 18시간이다. 일반적으로 담임교사나 여러 학년의 수업을 하는 교사의 시수는 평균보다 적게 배분한다.

[2] 교육과정이란 교육목적에 맞춰 교육내용을 편성하고 조직한 것을 뜻한다. 교사들은 학기 초에 서로 의논해 교육부에서 정한 교육목적에 따라 학년별, 과목별 교육과정을 계획해야 한다.

[3] 동학년 동교과 교사가 여러 명인 경우에는 서로 상의해 평가계획을 세운다. 평가계획은 지필평가와 수행평가를 아우른다. 지필평가는 공동출제가 원칙이지만, 현장에서는 잘 지켜지지 않는다. 일반적으로 지필평가 문항이 28개이고 동학년 동교과 교사가 4명이라면 한 명당 7문제씩 출제해 편집한다.

[4] 학기 초에 제출해야 하는 교육과정 계획서나 평가 계획서 외에도 교과 업무는 매우 다양하다. 교과 업무에는 학습지 제작과 인쇄, 수행평가 준비, 실험·실습 준비, 지필평가 출제 및 편집, 시험지 분배 및 포장, 각종 회의록 작성 등이 있다.

담임을 피하는 방법

2월 말, 교장은 교직원 전체 회의에서 업무분장과 담임을 발표한다. 일단 업무분장과 담임이 발표되면 이후 변경되는 일은 거의 없다. 그래서 업무나 담임 배정에 불만이 있는 교사 중 일부는 갑자기 건강 상태가 나빠졌다며 3월과 4월, 두 달 동안 병가를 쓰겠다고 통보한다. 병가는 1년에 60일을 쓸 수 있고 월급도 70%가 지급된다. 이 경우 겨우 두 달 근무할 기간제 교사[1]에게는 주요 업무를 맡기거나 담임을 맡기기는 힘들다. 그러니 비담임 정교사를 설득해 담임을 맡기고 병가를 쓴 교사는 담임에서 제외한다.

그렇게 담임에서 도망칠 수 있다. 최악의 경우 담임을 피하지 못해도 손해 보는 것은 없다. 대부분의 담임 잡무는 3월에 몰리는데, 잡무만 피해도 담임은 할 만해진다.

보통 담임을 기피하기 위해 쓰는 일반적 방법은 1학기 휴직이다. 1학기 휴직자는 대부분 담임 업무에서 배제된다. 성적이나 생활기록부 등 중요한 행정업무를 맡기지도 않는다. 중간에 담임이 교체될 경우 학부모 민원이 당연히 따라붙고, 연속성이 없어서 학생 관리도 제대로 이루어지지 않는다. 이 경우 1학기 담임도, 2학기 담임도, 학생들도 서로에게 정을 붙이지 못하게 된다. 그러니 담임 명단에서 제외한다.

담임을 맡지 않으려고 몇 년 연속해서 1학기만 휴직하는 교사도 있다. 담임 배정이 결정되기 전 휴직을 하겠다고 나서는 교사는 그나마 양심적이다. 담임이 배정되고 나서 갑자기 1학기를 휴직하겠다는 교사들이 문제다. 어느 해에는 담임 발표 직후 세 명이 한꺼번에 1학기 휴직을 신청하기도 했다. 담임 발표는 2월 말에 하므로 개학 전 기간제 교사를 채용할 시간은 길어 봤자 겨우 2주밖에 안 된다. 절차상 시간이 촉박해 기간제 교사를 구하지 못하고 개학을 하는 일도 발생한다.

1학기만 근무하는 기간제 교사는 구하기가 힘들다. 2월 말이면 대부분의 기간제 교사가 이미 1년 계약을 마친 시기다. 기간제 교사 모집 공고를 내도 문의전화 한 통 없다. 겨우겨우 몇 번의 공고 끝에 면접하러 오겠다는 사람이 나타나도, 담임이나 주요 업무를 맡게 된다고 하면 면접 도중에 자리에서 일어나 도망가버린다. 사정이 이러니 어떻게든 개학 전에 기간제 교사를 구하려면 어쩔 수 없이 기간제 교사가 원하는 조건을 들어줄 수밖에 없다.

휴직을 이용해 담임을 피하려는 꼼수를 막을 방법은 없다. 가장 많은 교사가 신청하는 육아휴직의 경우 학교장 허가가 필요 없다. 저출산 시대에 괜스레 육아휴직에 대해 말 한마디 잘못했다가는 관리자가 육아휴직에 반대한다며 신고해버릴 수도 있다. 교장과 교감은 되도록 1년 단위로 휴직하라고 설득하지만 통하지 않는다. 2학기에는 추석과 설이 있어 꽤 많은 액수의 보너스가 지급된다. 담임을 맡기 싫어 꼼수를 쓰는 사람의 인성은 뻔하다. 기어이 2학기에는 복직을 한다.

정말 최악의 경우는 4개월 육아휴직을 쓰는 경우다. 즉, 방학 직전에 복직하는 것이다. 그러면 방학 동안 월급을 받을 수 있기 때문이다. 물론 2학기에 복직하지 않는 교사도 있다. 자신을 대신하는 기간제 교사가 담임을 하고 있어서 이를 이어받아 담임을 맡아야 하면 휴직을 연장하는 경우가 많다. 그래서 간혹 어쩔 수 없는 사정으로 1학기만 휴직하는 교사는 편법을 사용하는 교사 때문에 무조건 같이 욕을 먹는다.

담임이 병가나 휴직을 사용하면 비담임 정교사 중 한 명이 담임을 떠안아야 한다. 비담임이었는데 담임을 맡으라고 하니 당연히 다들 고개를 젓는다. 하지만 교사의 거부는 받아들여지지 않는다. 미혼의 건강한 교사는 그렇게 또다시 담임이 된다. 애 없고 아픈 데 없어 휴직 한 번도 해보지 않은 교사는 억울하지만 어쩔 수 없다. 그래도 요즘에는 워낙 1학기 휴직 교사가 많아서인지 기간제 교사에게 담임을 맡기는 경우도 많다.

교육청에서 규정을 만들어서라도 교사들이 번갈아 담임 업무를 하게 해야만 한다. 그래야 이런저런 꼼수를 쓰는 사람 때문에 발생하는 갈등과 문제가 없어질 것이다. 강제로라도 번갈아 담임을 하게 만들지 않으면 학교 현장이 갈등으로 점점 더 엉망이 될 것이다.

담임 희망자를 늘리는 가장 간단한 방법은 담임 수당을 인상하는 것이다. 담임을 기피하는 가장 큰 이유는 담임 업무가 많고 힘들기 때문이다. 그러니 담임 수당을 아주 많이 올려주어야만 한다. 교사도 직업이다. 업무량이 많으면 보수를 더 많이 주는 게 당연하다. 현재의 담임 수당은 너무 보잘것없어 학급원 간식 한

번 사주면 끝이다. 담임 수당을 조금 인상하는 것은 아무 효과가 없을 것이다. 그 정도 인상으로는 다들 담임을 맡느니 수당을 포기할 것이기 때문이다. 아마 월급의 앞자리 숫자가 바뀔 정도로 담임 수당을 인상해야 담임을 선택하는 교사가 나올 것이다.

아울러 교감으로 승진할 때 담임 점수 비중을 반드시 높여야만 한다. 교장·교감들 가운데 담임을 오래 한 사람이 의외로 드물다. 경력이 30년이 넘는데 12.6년이 만점인 담임 점수가 모자라 뒤늦게 점수를 채우려고 담임을 하는 교사도 보았다. 담임 경력이 부족한 관리자는 경험도 다양하지 않아 학교에 문제가 발생했을 때 아무런 도움이 되지 못한다. 학급에서 사건이 발생하면 그저 담임을 닦달할 뿐이다. 또한 오랫동안 담임 업무를 하지 않아 담임의 입장을 공감하지 못한다. 민원이 들어오면 그저 담임에게 짜증만 내며 사과하고 끝내라고 강요한다. 아마 교감으로 발령을 내기 전에 1년쯤 담임을 시키면 현재 학교에서 발생하는 갈등과 문제의 절반은 줄어들 것이다.

---

[1] 기간제 교사란 일정 기간 계약을 하고 근무하는 교사다. 임용고사에 합격한 정교사의 휴직이나 병가 등으로 인한 TO가 있을 때 공개채용을 통해 선발한다.

미성숙한 존재[1]

미국에서 전학을 온 고등학교 2학년 학생이 등교 첫날 수업을 하고 난 후, 하루 종일 충격의 연속이었다며 한숨을 내쉬었다.

“어떻게 선생님이 앞에서 수업을 하는데 절반 이상이 딴짓을 할 수 있어요? 엎드려 자거나 떠드는 아이들을 선생님이 그냥 내버려두더라고요. 어떤 애는 이어폰 끼고 음악 들으면서 하루 종일 화장만 하는데도 지적하는 선생님이 한 분도 없었어요. 아이들이 이상한 거예요, 선생님이 이상한 거예요? 학습 분위기가 이렇게 엉망진창인데 적응할 수 있을지 모르겠어요. 괜히 다른 애들한테 휩쓸릴까 봐 걱정이에요.”

“그러면 자연계열[2] 학급으로 옮길래? 거기는 그래도 아주 조금 낫거든. 어차피 너는 유학생 전형으로 대학입시 치를 테니 내신을 신경 쓸 필요도 없고."

"다른 고등학교도 다 이래요?"

"왜? 전학 가고 싶을 만큼 상태가 심각해? 그런데 어쩌나, 다른 고등학교도 비슷한데."

"정말이요?"

"너, 미국에서 사립 다녔어?"

"아뇨. 그냥 평범한 공립 고등학교였어요. 미국에서는 수업에 참여하지 않거나 수업 진행을 방해하면 당장 교장실로 불려 가요. 경고 세 번이면 학부모도 교육을 받아야 하고, 교육 거부하면 벌금도 있어요. 아, 정말 적응 안 돼서 미치겠어요. 적응 못 할 것 같아요."

전학생은 한참 동안 미국 학교와 우리나라 학교를 비교하며 투덜댔다.

다행히 한 달 뒤, 전학생은 완벽하게 학교 분위기에 적응했다. 대부분 오전 수업 시간에는 이어폰을 끼고 입시를 위한 문제집을 풀고, 오후에는 잠을 자거나 만화책을 읽으며 휴식을 취했으니까.

공교육은 한순간에 무너져버렸다. 수업을 듣지 않는 학생들을 야단치다 보면 수업 진행이 안 된다. 잠자는 아이를 깨우거나 딴짓하는 아이들을 야단치면, 아이들은 당당하게 따지고 든다.

"입시에도 필요 없는데 왜 수업을 들으라고 해요? 솔직히 시간 낭비잖아요."[3]

그나마 학생과 말다툼으로 끝나면 다행이다. 당장 다음 날 학부모가 찾아와 따지는 경우도 허다하다.

"수능 준비만으로도 스트레스를 받는데 쓸데없는 수업 들으라고 강요하는 거, 정서적 학대라고 생각지 않으세요? 진짜 학생을 위하는 교사라면 아이가 좋은 대학에 갈 수 있게 격려하고 지원해줘야죠."

결국 교사들도 체념하고 포기했다. 특히 고등학교 3학년 2학기에는 수업 진행이 불가능에 가깝다. 수업을 하고 싶어도 학생들의 반발과 학부모의 항의 때문에 버티기 힘들다. 수능 준비를 해야 하는데 교사가 수업한답시고 앞에서 시끄럽게 떠들어 집중이 힘들다는 학부모 민원에 교사들은 모두 할 말을 잃었다.

학생부종합전형[4]에 응시하는 학생 몇 명만 데리고 수업을 하다 보면 자괴감이 든다. 그래도 정시전형[5]을 준비한다고 하루 종일 수능 특강[6]을 풀고 있는 학생은 기특하다. 인권위원회 권고로 강제로 휴대폰을 걷을 수 없게 된 뒤, 하루 종일 게임을 하거나 웹툰을 보는 아이들을 못 본 척하는 게 가장 힘들다.

학교생활기록부 마감 시한인 9월이 지나면 교사는 투명 인간이 된다. 학교생활기록부에 좋지 않은 평가라도 쓸까 봐 걱정돼 교사에게 예의를 지키던 아이 중 절반이 돌변한다. 아이들은 자유롭게 자신들의 인성을 드러낸다. 교사와 복도에서 스치며 눈이 마주쳐도 인사조차 안 하는 학생도 있다. 보이지 않는 교사의 교권은 존재할 수 없다.

학생들은 그들의 유전자가 고유하다는 것을 증명이라도 하듯 각각의 문제를 나에게 떠안겼다. 성적에 대한 스트레스는 이성, 교우, 가족이라는 관계와 복잡하게 얽혀 깊고 넓게 퍼져갔다. 무기력하게 하루 종일 잠만 자는 전교 꼴등 학생은 "성적만 좋았더라면 친구들이 나를 무시하지 않을 것"이라며 툴툴거렸고, 단 한 번도 행복한 적이 없었다는 전교 1등 학생은 "부모님의 지나친 기대만 없었다면 우울증 따위는 생기지 않았을 것"이라고 울먹였다.

모든 인간은 각자의 불행을 껴안고 있다. 그 불행이 감당할 수 없이 터져 나오는 경우가 문제다. 어리다는 것은 고민의 무게를 감당하기 힘들다는 의미니까. 흡연, 음주, 가출은 애교 수준이었다. 강도, 강간, 살인 등 사회면을 장식할 만한 범죄까지 일어

나는 곳이 학교였다. 사회가 정한 기준의 모범생들이 범죄를 저질렀을 때가 가장 견디기 힘들었다. 모범적인 학생에 대한 신뢰가 깨져서가 아니다. 모범생 가운데는 이른바 금수저라 불리는 아이들이 많았다. 그 아이들이 저지른 범죄는 부모에 의해 비틀리고 뒤틀어져 조용히 무마되었다. 그리고 그 아이들은 좋은 대학에 입학해 좋은 직업을 가지고 결국 사회지도층이라는 이름을 달곤 했다. 아무리 자주 겪어도 그 불합리하고 모순되는 현실을 받아들이기 어려웠다.

나는 모른 척할 수 없었다. 모른 척해서는 안 된다고 생각했다. 내가 사랑한 제자들이 살아갈 세상에서는 정의가 실현되고 권선징악이 당연시되기를 바랐다. 누군가의 편이라서가 아니라, 자신에게 이익이 되기 때문이 아니라 그저 옳다고 믿어 그 편에 설 수 있는 사회이기를 바랐다. 그래서 원리원칙주의자가 되어야 했다. 사람들이 뒤에서 '융통성 없는 사회 불만론자'라고 욕해도 상관없었다. 그 사람들 틈에 끼지 못해도 상관하지 않았다. 그런데 가끔 무서웠다. 아무리 노력해도 바뀌지 않는 이 세상이 두려웠다.

미국 교육부는 빈민가 공립학교에 무모하리만큼 많은 지원을 한다. 어떻게든 아이들이 등교하게 만드는 유인 방법도 다양하다. 이유는 간단하다. 아이들이 학교에 있는 동안은 범죄를 저지를 수 없기 때문이다. 어느 사회학자는 교도소를 운영하는 데 드는 비용보다 학교를 운영하는 데 드는 비용이 적기 때문에 교육에 투자하는 것이 범죄예방에 가장 효율적인 방법이라고도 했다.

우리나라에서도 아이들의 범죄가 점점 증가하고 있다. 하지만 아이들은 촉법 소년[7]이라는 이유로 형사처분을 받지 않는다. 그 점을 이용해 나이 많은 아이가 일부러 14세 미만 아이에게 절도나 폭행을 저지르게 시키는 일도 많다.

교사에게 쌍욕을 내뱉고 발길질해도 아이들은 당연히 용서받을 거라고 기대하며, 또 용서받기 마련이다. 만약 교사가 학생에게 똑같은 행동을 한다면 당장 다음 날 학생과 학부모가 교사를 아동학대로 신고할 것이다. 그런 반면 교사가 학생이나 학부모를 상대로 고소하는 경우는 흔치 않다.

아무리 아이가 교사를 때리는 잘못을 저질렀어도 어떻게 교사가 학생을 고소해? 그런 사람은 교사 자격이 없는 거야. 좋은 교사라면 당연히 사랑으로 보듬고 너그럽게 용서해야지. 분명히 그 교사가 맞을 짓을 했을 거야.

학생에게 폭행당한 교사가 학생을 고소했다는 기사에 달린 댓글이었다. 짜증이 치솟았다. 한쪽만 잘못해서 일어나는 갈등은 없다. 그런데 왜 교사는 무조건 용서해야 하는가? 잘못된 행동을 교정하는 것도 교사의 업무다. 아직 미성숙한 존재이니 아무 벌도 주지 않고 바르게 살 기회를 줘야 한다고? 무조건적인 용서가 아이의 정신적 성장에 도움이 되리라 생각하는가? 정당한 사법 시스템 안에서 잘못된 행동에 대한 대가를 치르게 만드는 것이 더 교육적이지 않은가?

외국 사립학교에 다녔던 아이의 이야기를 듣고 정말 부러웠던 적이 있다. 우리나라 학교에 당장 들여와야 한다고 생각한 그 학교의 최대 장점은 바로 경찰과 정신과 의사가 학교에 상주한다는 점이다.

폭력 사건을 왜 교사에게 떠넘기는가? 학부모들이 원하는 대로 공정하게 처리하려면 경찰이 조사하고 판단하는 게 옳다. 학교폭력 사건은 하루도 빠짐없이 일어난다. 그러니 학교 전담 경찰이 학교에 상주하며 해결하도록 해야 한다. 또한 문제가 있는 학생 가운데는 정신과 치료가 시급한 학생이 많다. 즉, 교육이 아니라 치료가 필요한 아이들이 많다는 말이다.

교육만으로는 절대 고칠 수 없는데도 기어이 교사 혼자 아이를 책임지라고 한다. 교사에게 권한은 주지 않으면서 무한책임만 강요한다. 문제가 생기면 교사의 자질이나 능력이 부족하다고 비난한다. 그런 억지를 마주하다 보면 교사는 누구나 자신을 의심하기 시작하며, 좌절하고 절망한다.

교사가 되어 처음에는 어떻게든 학생을 바꾸려고 노력했다. 외적으로 드러나는 변화가 성적인 만큼 나는 학생의 성적을 향상시키려고 온갖 방법을 썼고 반드시 향상시켰다. 아이들이 자신의 꿈을 실현하기 위해서는 좋은 성적이 먼저라고 생각했다. 매일 쪽지 시험을 치르고 오답 노트를 작성하게 했다. 아이들은 좋은 학교에 입학했고, 학부모들은 만족했다.

그때는 그게 의미가 있다고 생각했지만, 사실은 틀린 생각이었다. 아이들의 삶에서 성적은 그리 중요하지 않았다. 내가 중요하게 여기고 가르쳐야 했던 것은 '행복할 수 있는 방법'이었다. 명문대를 졸업하고 대기업에 취직한 아이들이 삶에서 허덕이는 것을 볼 때면 안타깝다. 대학입시가 끝날 때까지, 결혼할 때까지, 집을 살 때까지, 승진할 때까지 아이들은 참고 인내하라고 배웠다. 그저 경쟁하는 법만 배운 아이들은 행복할 수 없다. 그 사실을 뒤늦게 깨달은 나는 요즘 삶에 만족하고 감사하는 방법을 가르친다. 학교에서 배우는 사람은 학생만이 아니다. 교사들도 배운다.

학생을 미성숙한 존재라 부른다. 하지만 나이가 들어 성년이 되었다고 모두 성숙해지는 것은 아니다. 나는 아직도 미성숙한 존재다. 그리고 나는 학교에 다니면서 배우고 자라난다. 아직도 수많은 삶과 마주하며 느끼고 이해하고 깨우친다. 나에게 삶이란 끊임없이 변화하며 성장하는 과정이다. 어쩌면 모든 인간이 미성숙한 존재일 수도 있다는 사실을 인정한 뒤, 나는 타인의 존재를 그대로 받아들일 수 있게 되었다.

아무리 노력해도 학생이나 학부모를 이해할 수 없을 때가 있다. 당연하다. 태어난 환경도 살아온 과정도 다른 사람을 완벽히 이해하기는 불가능하다. 가끔은 답답하고 화가 날 때도 있다. "도대체 왜?" 하고 질문이 튀어나온다. 하지만 타인은 그저 '다른' 사람일 뿐이다. 내가 이해할 수 없다고 해서 그 사람이 '틀린' 것은 아니다. 내가 타인을 이해하지 못하는 순간이 있듯 타인이 나를 이해하지 못하는 순간도 받아들이는 여유를 가질 때 비로소 온전한 관계를 맺을 수 있다.

수많은 악조건에도 불구하고 내가 학교를 떠나지 못하는 이유는 학생들이다. 아이들에게 받은 상처는 아이들 때문에 아물어 간다. 아이들 때문에 울기도 하지만, 아이들 때문에 웃는 일도 많다. 멀리서도 나를 보면 "샘, 사랑해요" 하거나 "샘, 최고예요" 하고 외쳐주는 아이들 목소리에 힘을 낸다. 복도를 달려와 내 품에 안기는 아이들 온기에 마음이 따뜻해진다. 내가 실수하거나 잘못해도 이해하고 존중해주는 아이들 때문에 나는 학교를 떠날 수 없다.

모든 위험을 감수하고 교직 사회의 문제점을 비판하는 것도, 내부 고발자가 되겠다고 결심한 이유도, 우울증 치료를 고백하는 것도 모두 아이들이 살아갈 미래를 위해서다. 나를 웃게 해주는 아이들이 나 같은 상황에 놓이지 않기를 바랐다. 내가 사랑하는 제자들이 살아갈 미래는 지금보다 나아졌으면 좋겠다.

[1] 일반적으로 교육학에서는 학생을 '미성숙한 존재'라 칭한다.

[2] 현재는 문·이과 통합교육을 하고 있다. 교과목 선택에 따라 학급 편성이 이루어지지만, 한 학급에서 인문계열과 자연계열 학과 지망생이 함께 공부한다.

[3] 대학입학 수시전형에서 내신을 산출할 때는 자연계열 학과는 수학이나 과학을, 인문계열 학과는 국어나 사회를 반영하는 경우가 많다. 그래서 학생들은 내신에 반영되지 않는 과목의 수업 시간에는 당연하다는 듯 딴짓을 한다. 단, 학생부종합전형은 모든 과목에서 골고루 좋은 성적을 받는 것이 유리하기 때문에 모든 교과목 수업에 열심히 참여한다.

[4] 수시전형 중 학생부종합전형은 생활기록부를 중시한다. 교사는 생활기록부에 교과목의 '세부능력 및 특기사항'을 작성하는데, 부정적인 평가가 있으면 당연히 불합격이다. 그래서 학생부종합전형에 응시하는 학생들은 그나마 교사에게 예의를 지킨다.

[5] 대학 입학전형은 수시전형과 정시전형으로 나뉜다. 수시전형은 생활기록부, 내신성적 등 다양한 방법으로 선발하고 정시전형은 수학능력시험으로 학생을 선발한다.

[6] 수능 특강은 EBS 강의를 위한 교재다. 교재에 나오는 문제유형이나 내용과 연계된 문제들이 수능시험에 출제되기 때문에 수능성적이 중요한 학생들은 수능 특강을 기본으로 공부한다.

[7] 촉법 소년은 범행 당시의 나이가 만 14세 미만인 범인으로 형사처벌을 받지 않는다.

괴물 학부모(Monster parents)[1]

신규 시절, 나는 경기도에서 가장 가난한 동네에 있는 학교에서 3년 동안 근무했다. 당시에는 무료급식이 아니었는데, 형편이 좋지 않아 급식비를 못 내는 아이들이 한 반에 대여섯 명씩 있었다. 물론 급식비 무료 지원을 받는 기초생활수급자를 제외한 숫자다. 한 달에 한 번씩, 교감은 담임을 불러 너희 반 급식비 미납자가 몇 명이니 빨리 받아 내라며 짜증을 냈다. 그러면 어쩔 수 없이 학부모님에게 전화를 걸어 독촉해야만 했다.

그것이 내가 가장 싫어한 담임 업무였다. 나는 그 전화를 하기 싫어 그 학교를 떠났다. 지금 생각해보면 부당한 업무지시인데, 당시에는 그런 일이 흔했다. 몇 달씩 급식비를 못 내는 학생이 있으면 행정실에서는 닦달하는 것으로도 모자라 담임에게 대신

내라고까지 했다. 먹고사느라 힘든 맞벌이 부모님들은 자녀의 학교생활에 신경 쓸 틈이 없다. 그래서 어쩌다 아이들이 사건이나 사고를 일으켜도 통화만으로 끝내고, 대부분 나의 판단과 결정을 존중해주었다. 따로 시간을 내기 힘든 직업군이 많아서 아무 일 없는데도 학교에 찾아오는 경우는 매우 드물었다. 그때는 아이의 학교생활에 무관심한 학부모에게 참 서운했다.

시간이 흘러 나는 성남시 분당구에 있는 학교로 발령을 받았다. 전국에서 집값이 가장 비싸다는 동네였다. 그래서 사람들은 그게 자신의 정체성을 설명해준다는 듯 반드시 성남이 아니라 분당에 산다고 말했다. 학부모 상담주간을 운영하는 학교인 데다 시간을 내기 쉬운 전업주부가 많아서인지 많은 어머니가 학교를 찾아왔다. 어느 해에는 반 전체 27명 중 23명의 학부모가 상담 신청을 한 적도 있었다.

분당지역의 학부모는 교육열도 높고, 학교생활에 관심도 많았으며, 학교운영위원회나 학부모회 등 학부모 활동 참여율도 높다. 그리고 당연하게도 민원을 제기하는 경우도 많다. 학부모 활동에 활발하게 참여하는 학부모의 경우 학교 행정까지 참견하는 일도 있다. 물론 학부모 민원이 무조건 나쁜 것은 아니다. 학부모 민원이 긍정적인 영향을 미치는 경우도 분명 있다.

어쨌든 교사는 학교에서 언제나 가장 약한 '정'이다. 교장·교감은 갑, 학부모는 을, 학생은 병이다. 그러니 교사는 어쩔 수 없이 강자의 요구를 들어줄 수밖에 없다. 어느 영화의 유명한 대사 그대로 "배려가 계속되면 그것이 당연한 권리인 줄 아는 사람"이 꼭 있다. 어이없고 부당한 학부모 민원은 점점 늘어난다.

교실에서 엎드려 하루 종일 잠만 자는 학생이 있었다. 상담을 하면서 '하루 한 시간만이라도 수업을 들었으면 좋겠다'고 권유했더니, 당장 다음 날 어머니가 학교로 찾아왔다.

"선생님, 한 달에 얼마나 버세요?"

의자에 앉자마자 다리를 꼬고 어머니가 내게 던진 첫 질문이었다. 나는 당황해서 대답을 하지 못했다.

"우리 동훈이는 한 달에 천 넘게 벌어요. 걔 앞으로 건물이 한 채 있거든요."

나는 한마디도 끼어들지 않고 어머니가 말을 마치기만을 기다렸다. 눈빛이나 앉은 자세, 말투에 공격성이 가득했다. 흥분한 학부모를 상대로 대화를 시도하는 것은 어리석은 일이다.

"그러니까 앞으로 우리 동훈이한테 수업 시간에 잠을 자지 말라느니, 공부를 하라느니 하며 스트레스 주지 마세요. 선생님이 잘 모르나 본데요. 가난한 서민 자식이야 죽어라 공부해 대학 가서 취직해야 먹고살 수 있겠지만, 우리 동훈이는 아니거든요. 그깟 공부 안 해도 웬만한 대기업 다니는 것보다 많이 버는데, 왜 굳이 스트레스받으면서 공부하라고 해요? 어차피 대학은 외국으로 보내서 간판만 딸 거예요. 그러니까 수업 시간에 잠 자지 말라고 스트레스 주지 마세요. 또 그러시면 저, 가만히 안 있어요."

고등학교 3학년의 경우 입시전형에 따라 수업의 중요도가 정해진다. 인문계열의 경우 영어시험만으로 학생을 선발하는 전형도 있다. 그래서 한 반에 한두 명쯤은 하루 종일 영어문제집만 푼다.

수학 수행평가를 하는데도 한 아이가 이어폰을 꽂고 영어공부만 하자 수학교사가 이어폰을 빼며 말했다고 한다.

"일단 답안지에 이름만 써. 이름만 쓰면 기본점수는 받을 수 있잖아."

수행평가는 불가피한 경우를 제외하고 모든 학생에게 실시한다. 아이들은 자기 입시와 상관없는 과목 수행평가의 경우 달랑 이름만 써낸다. 그런데 그 여학생은 이름조차 쓰기 귀찮았던 모양이다.

"아이, 씨!"

아이는 짜증을 내며 대충 이름을 갈겨썼다. 교사는 몹시 화가 나서 야단치고 싶었지만 때마침 종료종이 울려 그냥 교실을 나왔다고 했다. 그리고 다음 날, 그 여학생의 어머니가 3학년부 교무실로 찾아와 고래고래 소리를 질러댔다.

"그러잖아도 입시 때문에 스트레스받아 힘든 아이를 왜 괴롭혀? 다른 아이들 다 보는 데서 이어폰 강제로 빼앗았다며? 아이가 창피해서 죽고 싶대. 어차피 필요도 없는 시험, 안 치르겠다는데, 네가 무슨 권리로 이름을 쓰라 마라 해? 이거 엄연한 아동학대야. 내가 고소해서 잘라버릴 거야."

담임이 나서서 말리고 달랬지만, 어머니의 목소리는 점점 커졌다. 그때 교무실에는 적지 않은 아이들이 있었다. 학부모가 선생님에게 삿대질하며 소리를 질러대는 모습을 아이들에게 보여줄 수는 없었다. 3학년 부장과 담임이 어머니를 달래서 교감실로 데려갔다. 교감이 꼬박 한 시간 동안 달래고 나서야 마침내 어머니는 진정된 듯 보였다.

"앞으로는 선생 관리 좀 제대로 하세요."

교감실 문을 열고 나서며 어머니가 다시 한번 당부했다. 에이,

씨! 한 시간 동안 시달린 교감은 문이 닫혔다고 생각하고 자신도 모르게 내뱉었다. 그런데 불행히도 문이 닫히기 전이었다. 그길로 어머니는 교장실로 향했고, 수학교사와 교감, 교장의 사과를 기어이 받아냈다.

고등학교 3학년 담임일 때 반에 우울증에 걸린 학생이 있었다. 아버지는 외국에서 근무하고 어머니와 단둘이 사는 아이였다. 문제는 어머니도 우울증이 심각했다는 것이다. 아이의 등교 거부 문제로 몇 번 상담을 했는데, 어머니가 나에게 친근감을 느낀 모양이었다. 어머니의 전화가 점점 잦아졌다. 처음에는 '아이 때문에 걱정이 되어 살 수 없다'는 용건으로 시작하다가 나중에는 '정말 죽어버리고 싶다'는 하소연이 이어진다. 한번 시작되면 끝이 없었다. 수업에 들어가야 한다고 말해도 전화를 끊지 않아 매번 애를 먹었다.

그 어머니의 상태는 점점 심각해졌다. 새벽 1시에도 전화해 아파트 옥상에서 뛰어내리고 싶다며 울었다. 결국 나는 그 아파트 단지 관리실에 전화해 옥상 문이 잠겼는지 확인해달라고 해야만 했다. 전화를 무작정 피할 수도 없었다. 아이의 우울증도 점점 심각해지고 있었기 때문이다. 어머니는 내가 전화를 끊으려 하면 '같이 뛰어내리겠다'고 협박 아닌 협박을 했다. 나는 그해 내내 어머니와 아들이 번갈아 우울을 쏟아내는 감정의 쓰레기통이었다.

나는 말을 잘하지 못한다. 그래서 어릴 때부터 누구와 말다툼하면 항상 졌다. 그저 싸움이라는 공격적 상황에 놀라고, 당황하고, 얼어붙어서 머릿속이 텅 비어버린다. 그래서 다다다 쏘아대는 상대에게 대꾸 한 번 못 하고 울면서 집에 돌아오곤 했다. 다툼은 언제나 목소리 크고 말 잘하는 사람의 승리로 끝난다. 그리고 벙어리처럼 한마디도 못 하고 듣고만 있던 나는 순식간에 뭔가 잘못한 사람이 되어버린다. 분명 내가 잘못한 것이 없는데도.

그런 날이면 밤에 잠자리에 누워 생각했다. 이렇게 대꾸할 것을, 이렇게 말해줄 것을 바보처럼 왜 그때는 이 말이 생각나지 않았을까. 두더지처럼 파고파고 또 파면서 내 안의 상처를 휘젓는다. 다음부터는 이렇게 해야지, 저렇게 해야지 복기하고 결심해도 또 말다툼이 벌어지면 어버버하다 수세에 몰린다. 그런 일이 왜 반복되는지 곰곰이 생각해봤는데, 아무래도 순발력이 부족해서인 것 같다. 아무리 생각해도 내 유전자에는 순발력이라는 항목이 전혀 없는 모양이다.

문제는 그게 어른이 되어서도 마찬가지라는 데 있다. 마구잡이로 다른 사람의 업무를 떠맡기는 교감에게 항의 한마디 못 하고 혼자 남아 야근을 한다. 다툼을 피하려고 자기 잘못을 내게 뒤집어씌우는 동료 교사에게 오히려 사과하는 멍청한 짓도 한다. 학생이나 학부모와의 갈등은 당연하게도 무조건 나의 완벽한 패배로 끝난다.

학부모들이 학기 초에 하는 가장 흔한 질문이 있다.

"아이가 있으세요?"

이때는 대답하지 말아야 한다. 조금이라도 불만이 생기면 "아직 애가 없으셔서 이해하지 못하나 본데" 하거나 "자기 자식한테 신경 쓰느라 반 학생들에게는 신경을 못 쓰나 본데" 하며 트집을 잡기 때문이다.

부당한 요구를 들어주지 않으면 학부모들의 반응은 결국 똑같다.

"교사 자격이 없네."

처음에 그 말을 들었을 때는 어이가 없었다. 하지만 그런 일이 반복되면 '정말 그런가?' 스스로 의심하게 된다. 그리고 무력감에 우울해진다. 절대로 학부모의 억지에 휘둘려서는 안 된다. 부당한 요구를 거부하는 행동이야말로 당신의 교사 자격을 증명한다.

아이를 위해 매일 손편지를 써달라는 학부모, 아침에 일어나기 힘들어하는 아이에게 모닝콜을 해달라는 학부모, 아이에게 허리 숙여 인사하라고 강요하지 말라는 학부모, 입시업체에서 작성한 생활기록부를 가져와 그대로 기록해달라는 학부모, 졸업 전에는 공개되지 않는 생활기록부Ⅱ[2]를 인쇄해달라는 학부모…….

황당하고 부당한 요구를 하는 학부모를 사라지게 할 수는 없다. 하지만 부당한 민원으로 고통받는 교사를 구할 방법은 얼마든지 있다. 가장 효과적이고 효율적인 방법은 우리 모두 알고 있다. 학교장이 나서는 것이다. 모든 민원을 교장 혼자 해결하라는 말이 아니다. 부당한 민원이 발생했을 때 교장이 먼저 나서서 합리적이고 이성적인 판단을 하고 결정을 내려주기만 하면 된다.

하지만 대부분의 교장은 부당한 민원이 발생해도 모른 척하거나 무조건 요구를 들어주라고 한다. 학부모가 교육청까지 민원을 넣으면 귀찮게 된다며 교사의 희생을 강요한다. 특히 초빙 교장은 아무리 부당한 민원이라도 들어주는 경우가 많다. 자신을 초빙해준 학부모들의 민원을 거절하기 힘든 데다 재초빙을 바라기 때문이다. 물론 그렇지 않은 교장선생님도 있다.

모든 교사가 존경하고 좋아했던 교장선생님 밑에서 근무한 적이 있다. 그 지역에서 아주 유명한 학생이 우리 학교로 전학을 왔다. 학생과 학부모 모두 문제가 있어 이전 학교에서 전학을 권유받았는데, 다른 몇몇 학교에서 전학을 거절당해 1년을 휴학한 학생이었다. 하필이면 그 학생이 우리 반이 되었다. 그 아이, 경훈이는 ADHD와 우울증을 앓고 있었다. 하지만 가장 큰 문제는 그 질병을 이유로 뭐든 용납되는 상황이 반복되면서 경훈이의 성격이 형성되었다는 점이다.

물론 경훈이의 인격 형성에 가장 큰 영향을 미친 사람은 경훈이의 부모였다. 아이의 부모는 나에게 무리한 요구를 당당하게도 했다. 가장 황당한 요구가 "절대로 경훈이의 잘못을 야단치지 말라"는 것이었다. 경훈이의 우울감을 부추길 수 있다는 이유에서였다. 이전 학교에서 부모는 물론이고 외삼촌, 외할머니, 외할아버지까지 번갈아 찾아와 담임을 괴롭혔다는 소문을 들었기에 나는 일단 고개를 끄덕였다. 하루에도 몇 번씩 아이들이 경훈이의 잘못을 나에게 일렀지만, 모르는 체하고 다른 아이들을 다독였다.

그러다가 미술 수행평가 제출이 있던 날, 사건이 일어났다. 경훈이는 짝꿍의 그림 위에 일부러 물병을 쏟아부어 망쳐버리고도 사과하지 않았다. 당연히 짝꿍과 말다툼이 벌어졌고, 나에게까지 상황이 전해졌다. 일단 경훈이를 불러 왜 그랬는지 물었다.

"내 그림을 그려달라고 했는데 안 그려줘서요."

그 대답에 한숨이 절로 나왔다. 수행평가는 반드시 혼자 해야 한다고 말했지만 경훈이는 불만이 가득한 채 입술만 비죽거렸다. 나는 그림을 망친 짝꿍을 따로 불러 달래고는 경훈이를 이해해주라고 부탁했다.

다음 날 경훈이의 어머니와 외삼촌이 찾아왔다. 내가 경훈이가 아니라 짝꿍 편을 일방적으로 들었으며, 그 상황이 아이의 절망감을 부추겨 우울증이 악화되는 바람에 등교를 거부한다고 했다. 교사 자격이 부족하다는 말에 나도 더 이상 참지 못하고 입을 열었다. 변명이 아닌 사실을 전달하는데도 학부모는 오히려 더 화를 냈다.

"정말 말이 안 통하네. 교장선생님과 이야기해야겠어."

외삼촌이 협박조로 말했고, 나는 그러라고 해버렸다.

두 시간쯤 지나서 교장선생님이 나를 불렀다. 교장선생님이 나를 호출한 것은 그때가 처음이었다. 당시에는 경력이 짧은 교사였던 나로서는 주눅이 들 수밖에 없었다.

소파 맞은편에 앉자마자 교장선생님이 말했다.

"휴대폰 발신 전화번호 알림서비스 받으세요?"

"네?"

"그 학부모 전화는 수신 거부를 해버리세요. 기본 상식이 없는 사람들이더구먼. 정상적인 대화가 불가능하더라고. 매일 손편지를 써줘야 하고, 수업 시간에 잠을 자도 내버려둬야 하고, 짝과 자리를 마음대로 선택할 수 있게 해야 하고, 잘못해도 야단을 치지 말라니 거참 기가 막혀서 원. 들어주고 있는데 어찌나 화가 나던지……. 혹시 학교로 전화해서 또 어이없는 소리 하거든 상대하지 말고 나한테 전화하라고 해요."

순간, 긴장이 풀리며 눈물이 쏟아졌다. 몇 개월 동안 참고 또 참으면서도 혼자 견딜 수밖에 없었던 서러움이 한꺼번에 터졌다.

"벌써 5월인데 그동안 혼자 참기만 했어요? 진작 나한테 와서 말하지 그랬어요? 이런 일 해결하라고 교장이 있는 겁니다. 수업 준비하고 아이들 보살피는 것만으로도 힘들 텐데, 이런 일 겪게 만들어서 내가 미안해요. 내가 일찍 알았더라면 선생님이 상처 입지 않았을 텐데, 정말 미안합니다."

그 교장선생님의 퇴임식 날, 정말 많은 교사가 눈물을 흘렸다.

학부모 갑질은 절대 없어지지 않을 것이다. 상담 예약제, CCTV 설치, 민원용 휴대폰 지급 등 별의별 방법들이 매일 언론에 오르내리고 있지만, 소용없는 일이다. 갑질 학부모가 그깟 것들을 겁낼까?

학생의 사건이 결국 담임으로 귀결되듯 교사의 사건은 결국 교장과 교감으로 귀결된다. 교사들이 교장에게 바라는 것은 뛰어난 행정업무 능력이 아니다. 행정업무 따위에는 관심이 없어도 괜찮다. 교장이 없어도 학교는 잘만 돌아간다. 교사들은 막대한 예산을 끌어와 공사를 하고 학교 환경을 바꾸거나 새로운 사업을 벌이며 대단한 업적이라도 이룬 듯 자신을 치켜세우는 교장을 원치 않는다.

교장은 그저 교사를 공감하고 이해하며, 교사를 보호하고 지원해주기만 하면 된다. 교사들 뒤에 우뚝 서서 교사들이 쓰러지는 순간 뒤에서 버텨줄 준비가 된 교장이라면, 교사들은 충분히 존경하고 따를 준비가 되어 있다.

---

[1] 몬스터 페어런츠(Monster parents)는 교사에게 부당한 요구를 하거나 불만을 제기하는 극성 학부모를 괴물에 빗대어 지칭하는 단어다.

[2] 생활기록부는 I, II로 구분된다. 생활기록부 II가 훨씬 자세하다고 생각하면 된다. 학생부종합전형의 경우 교과목의 '세부능력 및 특기사항'에 어떻게 기록되었는지가 중요한데, 이 항목은 생활기록부 II에서만 볼 수 있다. 학생이 학교에 다니는 당해 연도에는 생활기록부 II를 공개하지 않는데 가끔 인쇄해달라고 억지를 부리는 학생이나 학부모가 있다.

교사가 행복한 학교

권력을 손에 쥐는 순간, 인간은 변한다. 당연한 일이다. 지위가 바뀌었으니 마음가짐이나 행동이 달라질 수는 있다. 문제는 대부분의 변화가 부정적 방향으로 일어난다는 데 있다. 수평적인 지위 체계에서 한 계단 위에 서 있으니 얼마나 신나겠는가? 이해한다. 처음으로 가지게 된 권력의 쾌감만이 교감을 지배한다. 교감이 되기까지 산전수전 다 겪으며 참고 또 참았을 텐데 이제 더 이상 참을 이유가 없다. 교장이나 교감은 권력을 휘두르며 느끼는 쾌감을 포기하지 못한다.

교대나 사대를 지원하는 학생들은 한결같은 부류다. 얌전한 성격에 교사 말을 잘 따르는 모범생들은 학창 시절 내내 반항 한 번 못 했을 것이다. 그런 아이들이 자라서 교사가 된다. 그러니 교사 집단의 성격도 뻔하다. 착하다고 해야 할지 어리석다고 해야 할지 교감이나 교장의 부당한 지시에도 반항 없이 따른다. 반항하고 싶어도 꾹 참는다. 괜스레 부당한 지시라며 따지고 들었다가는 다음 해에 보복당할 게 뻔해서다. 아니, 당장 다음 날부터 일종의 '길들이기'가 시작될 것이다. 대표적인 예가 새로운 업무 계속 만들어내기다.

한번은 진로체험활동 행사를 기획한 적이 있었다. 다양한 직업군의 강사가 와서 직업체험을 하는 프로그램이었다. 행사를 기획하다 보면 여러 가지 자잘한 일이 발생하기 마련이다. 꼼꼼하게 계획을 세워도 꼭 허점이 드러난다. 그러다 보니 행사가 다가올수록 신경이 날카로워진다. 행사 당일 아침에는 자리에 앉을 시간도 없이 바쁘다. 그 와중에 교감이 뭔가 물었는데 내 대답이 시원찮았던 모양이다. 행사가 끝나고 일주일 뒤, 진로체험활동 결과보고서를 상신하니 당장 반려가 되었다.

"학생 만족도뿐만 아니라 학부모 만족도도 조사하세요. 행사 전체에 대한 만족도 통계만 보고했는데, 프로그램별 만족도도 통계 내서 보고해주세요. 또 만족도가 낮은 프로그램은 왜 낮았는지 분석도 해주시기 바랍니다."

일주일간 공강 시간마다 매달려 작성한 결과보고서였다. 각

진로체험 프로그램 활동 내용과 사진, 피드백을 위한 설문조사, 만족도 통계의 그래프 처리까지 작년 결과보고서보다 훨씬 자세한 내용을 상신했는데, 교감은 더 자세한 보고서를 요구했다.

열 개가 넘는 프로그램의 개별 통계를 처리하려면 시간이 얼마나 오래 걸릴지 짐작도 할 수 없었다. 게다가 학생들의 설문조사 참여율이 저조해 개별 프로그램 통계는 유의미하지도 않았다. 짜증이 치밀었지만 고개를 끄덕였다. 괜스레 한마디 얹었다가는 괴롭힘이 오래갈 수도 있었다. 그저 빨리 다음 희생양이 나타나길 빌 뿐이었다.

비인격적인 교장·교감의 사소한 트집 잡기는 하루에 한 번씩은 반드시, 꼭 일어난다. 권력을 남용하며 얻는 쾌락도 당연히 역치가 있다. 처음에는 사소한 일로 교사를 불러 세워놓고 야단을 친다. 하지만 시간이 지남에 따라 교장이나 교감의 권력자 놀이는 정도가 심해진다. 5분 정도의 잔소리가 한 시간의 지적으로 변한다. 존댓말이었던 말투는 어미가 끊겨 반말이 되고, 목소리는 점점 커진다. 온 교무실이 쩌렁쩌렁 울리게 고함을 질러대면 망신당하는 교사의 얼굴도, 앉아서 아무것도 들리지 않는 척하며 귀 기울이는 교사의 얼굴도 참는 기색이 역력하다.

비이성적인 교장·교감은 사소한 지적과 업무 부풀리기를 자신들의 업무로 생각한다. 학교 안의 소문은 빨리 퍼진다. 작은 별실에서 일어난 사소한 사건이 다른 교무실로 전달되는 데는 두세 시간이면 충분하다. 교장·교감의 지시사항을 이해할 수 없다며 다른 의견을 제시하는 용감한 선생님이 등장하는 날이면 고성이 오가는 상황이 메신저로 실시간 중계되기도 한다. 교사들은 똘똘 뭉쳐 저항하는 교사를 응원한다. 교장·교감 대 평교사의 갈등은 당연히 관리자의 승리로 끝난다. 문제 학생보다 문제 학부모보다 문제 교장·교감이 교사들을 훨씬 더 괴롭힌다.

학교 분위기를 엉망진창으로 만드는 교장과 교감일수록 교직원의 단합과 결속을 강조하며, 회식이나 연수를 진행하겠다고 우긴다. 그나마 강제 회식은 나은 편이다. 지금은 교사들의 항의로 많이 없어졌지만, 방학식 날이면 1박 2일 연수를 가던 시절도 있었다. '연수'라는 이름이 붙었을 뿐 실상은 1박 2일의 강제 회식이다. 다들 학을 떼며 싫어하지만 무소불위 권력을 휘두르는 교장은 불참을 용납하지 않는다. 참여 인원수가 곧 교장의 능력이라 생각하기 때문이다. "우리 학교는 분위기가 워낙 좋아서 회식이나 연수에 가기 싫다는 사람이 아무도 없어" 하고 자랑하기 위해서다.

몇 년 전, 황당할 정도로 1박 2일 연수에 집착하는 교장이 있었다. 연수 장소 및 일정을 안내하는 메시지 최하단에는 "불참자는 반드시 교장의 사전 허락을 구해야 한다"는 문구가 빨간색으로 강조돼 있었다. 나는 방학식 다음 날 친구와 스페인 여행을 떠나기로 해 모든 준비를 마친 상태였다. 당시에는 1박 2일 연수를 하지 않는 학교가 늘어나고 있었으므로 기껏해야 방학식 당일 전체 회식 정도로 예상하고 있었다. 1박 2일 연수는 다른 약속과 중복되지 않도록 적어도 한 달 전에 안내하는 것이 일반적이다. 그런데 그해에는 겨우 2주일 전에 통보한 게 문제였다.

항공편, 호텔, 음식점 등 모든 예약이 끝난 데다 예약금으로 지불한 액수도 꽤 많았다. 나는 결국 교장실로 내려갔다. 사정을 설명하고 1박 2일 연수에 빠지고 싶다는 말을 꺼내자마자 교장은 단칼에 잘랐다.

"누가 마음대로 해외여행을 계획하래? 방학 동안 해외여행 가려면 내 허락을 받아야 되는 거 알지? 어림도 없으니까 다 취소해. 1박 2일 연수도 분명히 업무의 연장선이야. 다른 사람들은 다 근무하는데 여행을 가겠다고? 나 원 참, 황당해서! 기어이 가고 싶으면 가. 무단결근으로 처리할 테니. 더 이야기할 필요도 없으니까 나가!"

교장실을 나오며 머리가 복잡했다.

'진짜 취소해야 하나? 위약금은 어떻게 하지? 같이 가는 친구는 어쩌지? 혼자 가라고 해야 하나?'

수많은 생각이 스쳐 지나갔다. 지금 생각해보면 교장의 억지보다 여행 취소를 고민했던 내가 오히려 더 어이없다. 지금이라면 당장 갑질 신고를 했을 것이다. 하지만 당시에는 당황해서 아무 생각도 나지 않았다.

교장에게 연수 불참 허락을 받으러 갔던 사람들은 모두 아무런 수확도 없이 돌아왔다. 방학식 다음 날 네 살 아들의 수술이 예정되어 있는 교사에게 교장은 수술 일정을 바꾸어서라도 연수에 참석하라고 했다. 그 이야기를 듣고 모두 분노했지만, 막무가내 교장에게 이길 수 있는 방법은 없다. 결국 교사들은 모두 1박 2일 연수에 끌려갔다.

학교는 고립되고 폐쇄적인 사회집단이다. 그래서 교장의 인성이 학교 분위기를 좌우한다. 요즘 들어 교장들의 학교 운영 철학은 '교사가 행복한 학교 만들기'다. 교육청에서 단체 교육을 했는지 꽤 많은 교장이 '교사의 행복'을 강조한다.

행복까지는 바라지도 않는다.

그저 교사를 불행으로 몰아넣지만 말았으면 좋겠다.

졸업

중3이든 고3이든 담임을 맡았던 학생들이 졸업하는 모습을 볼 때면 이런저런 생각으로 복잡하다. 비평준화 지역[1]의 중3이나 고3 담임을 하게 되면 입시를 중요시할 수밖에 없다. 그러다 보면 아이들과도 갈등이 많아진다. 공부하라고, 게임 줄이라고, 아침 자율학습시간에 참여하라고 매일 잔소리를 하니 아이들로서는 짜증이 날 수밖에 없다. 특히 지원학교를 결정할 때가 되면 실랑이가 벌어지기 마련이다.

고3 학생들은 대부분 자기 성적으로는 불가능한 대학에 입학하기를 원한다. 학기 초 상담 때는 "열심히 해" 하고 격려할 수 있지만, 원서를 쓸 때는 그럴 수 없다. 합격이 어렵다고 말해도 아이들은 고집을 꺾지 않는다. 수시전형은 재수생보다 고3에게 유리한 편이고 모집인원도 정시전형보다 많다. 수능 점수로 결정되는 정시전형으로는 합격 불가능한 대학교도 수시전형으로는 가능하다. 6개 대학을 응시할 수 있으니 1개 대학은 합격이 가능한 대학을 응시하자고 설득하는 과정에서 교사와 학생은 서로 지친다.

아이들도 자신이 원하는 대학은 합격이 불가능하다는 것을 잘 안다. 그 사실을 인정하지 못할 뿐이다. 그러니 원망을 퍼부을 사람이 필요하다. 결국 분노와 좌절은 현실적인 조언을 하는 내게로 향한다. 대학입시는 의외로 계산적이다. 여러 기준점수에 맞춰 응시하면 합격이 가능하다. 하지만 합격하고 난 뒤에도 상담 과정에서 쌓인 부정적 감정은 사라지지 않는다.

인터넷으로 원서를 접수하는 시스템이어서 어차피 마지막 순간 아이들이 대학을 선택한다. 이때 기어이 자신이 원하는 대로 상향지원만 한 학생들은 불합격한다. 그러면 또 그 원망은 고스란히 내 차지다. 내가 상담하면서 더 설득했어야 한다는 것이 원망의 이유다. 이래저래 고생만 하고 욕만 먹는 신세지만, 그래도 시간이 흐르면 대부분 내 조언에 감사하니 다행이다.

아이들의 입시 스트레스는 다양한 문제로 나타난다. 공부하느라 바빠 말썽을 부리지 않을 것으로 예상하지만 그것은 착각이다. 언제나 상상을 뛰어넘는 사건·사고를 일으킨다. 그나마 학교에서 해결할 수 있으면 나은데, 경찰서나 검찰청까지 오가야 하면 정말 골치다. 어떤 학부모는 아이들이 범죄를 저질러도 아이 눈치만 본다. 입시에 영향을 줄까 봐 걱정돼 담임에게 사건 관련 이야기는 꺼내지도 말라고 당당히 요구한다. 당연히 부모도 아이를 꾸중하지 않으니 그런 아이들이 올바른 윤리의식이나 가치관을 가지기는 어렵다. 문제는 그런 학생이 점점 늘어나고 있다는 사실이다.

학급도 성격이나 분위기가 있다. 운이 좋아 성격이 잘 맞으면 아무리 사건·사고가 자주 발생해도 학교생활이 재미있고 즐겁다. 그 반면 사건·사고 하나 없는데도 이상하게 친해지기 어려운 학급의 담임을 할 때면 시간이 빨리 흘러가기만 바란다. 토씨 하나 다르지 않은 잔소리를 똑같이 해도 반응은 정반대다. 좋은 관계가 형성된 학급 아이들은 야단을 맞으면 잘못을 고치려 노력하고, 나를 이해하고 존중한다. 하지만 라포르(rapport)[2]를 형성하지 못한 학급은 어떻게든 내 꾸중의 꼬투리를 잡으려 안달이다. 정말 기억조차 하기 싫다.

이상하게도 나와 성격이 잘 맞지 않아 힘들었던 학급을 졸업

시킬 때면 후회나 미련이 많이 남는다. 내가 좀 더 격려했어야 하는데, 내가 더 자주 상담을 했어야 하는데, 내가 조금 더 노력했다면 사이가 이렇게 벌어지지는 않았을 텐데……. 수없이 반복된 갈등을 그대로 간직한 채 헤어지는 게 안타깝기만 하다. 졸업식 내내 많은 감정이 밀려오고, 그날은 쉬이 잠들지 못한다.

나는 과거에 미련이나 후회가 많은 편이다. 바꿀 수 없는 과거를 두고 온갖 가정을 하며 무력감에 빠져든다. 그렇게 두더지처럼 과거를 파고 있다가 문득 생각한다.

그래서? 내가 열심히 살지 않았나? 아니다. 난 매 순간 '나의' 최선을 다했다. 그게 비록 다른 사람의 최선보다 모자란다 해도 매 순간 모든 걸 걸고 꾸역꾸역 상처나 아픔을 참으며 최선을 다했다. 적어도 나는 내 인생을 무절제한 낭비로 흘려보내지 않았다.

남들이 열 시간 공부할 때 내가 한 시간밖에 공부하지 못했다고 해서 최선을 다하지 않았다고 할 수는 없다. 개인마다 체력과 집중력과 환경이 다르니까. 나에겐 그 한 시간이 최선이었다. 그런데도 바보처럼 최선을 다하지 않았다고 과거의 나를 원망하고 후회하며 미련을 떨었다. 언제나 다른 교사와 비교하고 열등감을 느끼면서 나를 괴롭혔다. 그 선생님처럼 항상 웃어야 했는데, 그 선생님처럼 조곤조곤 타이를걸……. 타인과 나를 비교하며 열등감을 키우는 것은 가장 어리석은 일이다. 다른 교사의 장점을 보고 본받아 발전하려 노력하고, 다른 교사의 단점을 보고 주의를 기울여 같은 잘못을 저지르지 않으면 충분하다.

완벽한 인간이 없듯 완벽한 교사도 존재하지 않는다. 그러니 완벽한 교사가 되는 것은 포기해야만 한다. 설리번 선생님도 완벽하지는 않았다. 누군가의 최선을 나의 최선과 비교하는 것은 나를 고문하고 학대하는 일이다. 나는 그저 여기서, 지금, 최선을 다하면 된다.

그렇게 과거에 대한 후회나 미련을 버리면서 부정적 감정도 함께 버렸다. 어쨌든 그 순간 나는 내 선택에 최선의 노력을 했으니까.

---

[1] 비평준화 지역은 고등학교 입학을 내신성적으로 결정하는 지역이다. 선호하는 고등학교의 지원인원이 많으면 내신성적이 낮은 학생은 비선호 고등학교에 가야만 한다. 지금은 대부분의 지역이 성적과 관계없이 추첨으로 선발하는 평준화 지역이다.

[2] 라포르는 두 사람 사이의 친밀도나 신뢰도를 의미한다.

스승의 은혜

학교의 문제점을 이야기하다 보니 학교를 시궁창으로 묘사한 것 같다. 하지만 절대 아니다. 아직은 순수한 학생들이, 바른 가치관과 윤리의식을 지닌 학부모들이, '교사'가 아니라 '스승'이 되려는 교사가 훨씬 더 많다. 다양한 인간이 모인 집단에서 갈등이 없을 수는 없다. 문제는 갈등을 해결하는 방식이다.

세상에 일방적인 관계란 존재하지 않는다. 교사만 참고 희생하고 있다면 그것은 이미 잘못된 관계다. 잘못된 관계는 서로의 인간성을 파괴할 뿐이다. 배려와 존중도 주고받아야 한다. 무조건 교사만 참고 지나간다고 문제가 해결될까? 절대 아니다. 일방적으로 강요당하는 배려와 양보는 희생일 뿐이다. 어느 한 사람의 희생으로 겨우 유지되는 집단은 건강하지 않다. 언제 무너

질지 모른다는 불안정감이 구성원들을 불안하게 만든다.

학교 구성원들 사이의 갈등은 누군가가 일방적으로 희생을 감수할 게 아니라 서로 양보하고 배려하고 타협해서 해결해야 한다. 어머니의 마음으로 자녀를 보살피기를 바라는가? 사실 어머니도 자식을 위해 일방적으로 희생하지는 않는다. 자식의 애교를 보고 즐거워하고, 자식의 말 한마디에 힘을 얻어 살아간다. 어느 한 사람의 희생으로 버티는 가족은 행복할 수 없다. 희생하는 사람이 불행한데 어떻게 그 가족이 행복하다고 하겠는가?

학교도 마찬가지다. 교권을 강화한다고 해서 학생의 인권이 무시되는 것은 아니다. 학생의 인권을 존중한다고 해서 교사의 권위가 무너지지도 않는다. 그러니 교권과 학생 인권을 적대적 관계로 인식하고 갈등을 조장하지 말기를 바란다.

'스승'은 없고 '교사'만 남았다고 비난하지 말라. '교사'에게서 '스승'이 될 기회를 빼앗은 것은 바로 무조건 비난만 하는 당신이다. 스승은 무조건 인내하며 희생하고 반드시 공감하고 이해해야만 하는 존재가 아니다. 스승은 제자와 손을 잡고 함께 걸어가며 바른길로 이끄는 사람이다. 그러니 교사들이 아이들의 손을 먼저 놔버리지 않도록 기다려주었으면 한다.

카르텔[1]

그해 전입하는 학교에 처음 인사하러 가는 길, 나는 내내 한숨을 몰아쉬었다. 전입했다는 이유만으로 업무를 몰아줄 게 뻔했다. 단단히 각오해야 했다. 상황은 예상보다 더 끔찍하고 절망적이었다. 주당 20시간, 2과목 수업이 배당되었다. 그 고등학교 교사들은 평균 주당 16시간, 한 과목의 수업을 했다. 평균 시수보다 하루 1시간의 수업이 더 많았다.

고등학교에서 두 과목을 주당 20시간이나 수업하는 경우는 거의 없었다. 어쩌다 한 사람이 그렇게 과다한 수업시수를 맡게 되면 당연히 비담임으로 동아리 활동도 면제된다. 하지만 나는 고등학교 3학년 담임에다 주당 2시간 동아리 활동까지 하게 되었다. 모두 교감의 독단적 결정이었다. 과다한 수업시수를 고려해고3 담임은커녕 담임 임명 자체를 반대했던 인사위원들의 의견은 간단히 묵살당했다.

누구도 이해할 수 없는 업무분장이었다. 그래서인지 몇몇 교사들은 나에게 은근슬쩍 물었다.

"혹시 교감선생님한테 찍힐 만한 일이라도 있었어요? 마치 너 한번 당해봐라, 하고 업무를 몰아줬잖아요. 선생님을 미워하거나 싫어할 만한 사건이 있었던 거 아니에요?"

아니, 없었다. 교감과는 이전에 같은 학교에서 근무한 적이 있었지만, 전혀 접점이 없었다. 스쳐 지나간 적은 있었겠지만, 얼굴도 이름도 모르는 사이였다. 발령이 난 뒤, 업무분장 희망원을 제출하러 갔을 때 교감의 얼굴을 처음 제대로 봤다. 전입교사들 틈에 끼어 간단히 인사를 나눈 게 전부였다. 아무리 과거의 기억을 뒤져도 그게 다였다. 그래서 도대체, 왜 교감이 나에게 심각하리만큼 과다한 업무를 몰아주었는지 나는 아직도 이유를 모른다.

교감은 누구의 의견에도 귀 기울이지 않았다. 각종 위원회는 철저히 무력했고, 교감은 완벽하게 독단적으로 학교행정을 좌지우지했다. 여름방학 후 정년퇴임을 할 교장은 학교에서 벌어지는 일에 무관심한 데다 여러 가지 이유로 빈번히 학교를 비웠다.

그래서 학교는 교감이 휘두르는 대로 흔들렸다.

업무분장과 담임 배정이 발표된 뒤, 나는 한참을 멍한 상태로 있었다. 어떤 미래가 펼쳐질지 뻔히 보였다. 그날 밤은 한숨도 못 잤다. 아무리 생각해도 이상했다. 학교 교육과정을 수립할 때는 교원수도 고려하므로 이렇게 한 사람에게 과다한 수업시수가 몰리지 않는다.

다음 날 출근해서 학교 전체 시간표를 확인하고 나서, 나는 경악을 금치 못했다. 3시간, 6시간, 8시간, 12시간이라는 말도 안 되는 수업시수를 배당받은 교사들이 눈에 확 띄었다. 수업시수 편중의 이유는 간단했다. 생물 교과에서 한 명이 TO감이 되고 지구과학 교과가 한 명이 TO증이 돼야 수업시수가 공정하게 분배되는데 그렇게 하지 않았다.[2] 즉, 교원수를 조정하지 않아 벌어진 일이었다.

학교에는 수업이 이루어지지 않는 과목이 있다. '창의적 독서활동'이나 '진로활동'이라는 명칭의 과목은 시험도 보지 않고 전공과목과 상관없이 아무 교사나 담당할 수 있다. 입시 위주 교육의 특성상 고등학교에서는 수능이나 내신과 상관없는 독서나 진로 과목의 수업은 당연히 자율학습으로 이루어진다. 그래서 규정상 교원수급을 계산할 때는 그 수업 시간을 반영하지 않게 되어 있고, 수업시수를 비슷하게 조정하기 위해 분배한다.

그런데 이상하게도 생물 교사의 교원수급을 결정하면서 진로 수업시수를 넣어 계산했다. 3시간 과학 수업과 12시간 진로 수업을 더해서 계산하면 생물 교과는 주당 15시간 수업을 하게 되므로 TO감이 되지 않는다. 당연히 교육과정을 담당한 누군가의 실수라고 생각했다. 교육과정을 누가 담당했기에 이렇게 엉망진창으로 일을 처리했는지 화가 났다. 도저히 이해할 수 없었다.

교원수급은 담당자, 부장, 교감, 교장, 교육과정위원회를 거쳐 교육청의 검토까지 받은 뒤 결정된다. 이렇게 큰 실수를 누구도 발견하지 못했다는 사실을 나는 믿을 수 없었다. 게다가 교육과정과 교원수급은 원칙이 분명하고 자세한 데다 교육청 담당 장학사에게 여러 번 점검을 받는다. 교원수급은 인사발령이나 업무강도와 직결되므로 교사들이 예민하게 반응한다. 사소한 실수로도 다양한 문제가 발생하기 때문에 복잡한 절차를 거치는 것이다. 그 많은 사람이 여러 번 검토했는데도 잘못된 점을 발견하지 못하는 것은 불가능했다. 즉, 누군가 고의로 조작한 게 분명했다. 그리고 누가 그랬을지는 뻔했다.

나의 예상은 완벽히 맞아떨어졌다. 모두 교감의 지시 때문이라고 했다. 교감이 원칙을 어기고 교육과정과 교원수급을 마음대로 계산하게 한 것이다. 어느 교사는 일주일에 3시간 생물 수업과 12시간 진로 수업을 담당했다. 즉, 3시간만 수업을 하고 12시간은 자율학습 감독을 하면서 월급을 받아 갈 수 있다는 말이다.

누군가가 하지 않는 수업은 다른 누군가가 채워야만 한다. 덕분에 나는 생물 교사 두 명이 하는 수업 시간보다 더 많은 수업 시간을 혼자 담당하게 되었다. 교감이 규정을 무시한 이유는 굳이 물어보지 않아도 추측할 수 있었다. 일주일에 10시간 미만의 교과 수업을 하는 교사는 대부분 교감과 가까운 사이였다. 특정 교사들의 편의와 업무경감을 위해 교육과정과 교원수급을 결정하는 바람에 20시간 넘게 수업을 해야 하는 교사가 몇 명이나 되었다. 그중 누군가는 병가로 출근하지 않았고, 다른 누군가는 도저히 과중한 수업시수를 견딜 자신이 없다며 육아휴직을 해버렸다. 하지만 내게는 도망갈 이유나 변명이 없었다.

교육청이나 국민신문고에 신고할까 망설이면서도 고민했다. 한 사립학교 이사장의 아들이 주당 12시간의 '진로' 수업을 하면서, 즉 자율학습 감독 12시간을 하면서 월급을 수령하다 불구속 입건되었다는 신문기사를 본 기억이 났다. 하지만 학교 사정을 조금이라도 아는 사람들은 모두 나를 말렸다. 교감은 A사대 출신이었다. A사대는 경기도 교육청 안에서 가장 크고 견고한 카르텔을 형성하고 있었다. 교장, 교감, 장학사 중 A사대 출신이 꽤 많았다. 그리고 점점 더 많아질 것이다.

승진하고 싶은 교사는 어떻게든 교무부장을 하려 한다. 임명권자는 당연히 교장이다. 내 경험상 업무능력이 뛰어나서 교무부장에 임명되는 경우는 거의 없다. 학연, 지연, 혈연 등 복잡하게 뒤엉킨 다른 조건이 교무부장 임명 이유가 된다.

A사대 출신 교장은 A사대 출신을 교무부장으로 임명한다. 그렇게 승진한 A사대 출신 교장은 또 A사대 출신 교무부장을 임명한다. 그렇게 점점 커진 카르텔은 서로의 실수를 모른 척해주고 잘못을 감싸준다. 교원평가에서 경기도 꼴등을 해도, 학생에게 아동학대로 고소를 당해도, 교사에게 갑질 신고를 당해도, 학교 민주주의 점수가 몇 년 연속 경기도 꼴등이어도 A사대 출신은 교장이 된다.

A사대 출신 교장·교감의 지시가 부당하다며 항의하는 행동은 카르텔의 권위에 대한 도전이다. 누가 옳은지 그른지는 아무 상관 없다. 항의받고 뒤로 물러서는 순간, 카르텔의 막강한 권력은 붕괴되고 만다. 카르텔이 무너지면 구성원들은 보호받지 못한다. 그래서 구성원 전체가 반드시, 함께, 즉시 행동에 나선다. 저

항하는 교사에게 무자비하게 불이익을 주면서 카르텔 권력은 더 강해진다. 구성원이 어떤 짓을 저질러도 카르텔은 철저히 편을 든다. 그래서 카르텔 구성원들은 부정한 횡령도 부당한 지시도 아무 거리낌 없이 할 수 있다.

주위의 모든 교사가 사건을 크게 만들지 말고 참으라고 나를 만류했다.

"어쨌든 2년을 근무해야 다른 학교로 옮길 수 있잖아. 신고하면 내년엔 더 큰 보복으로 돌아올 거야. 아마 고3 담임에다 업무를 만들어서라도 시킬걸? 부적응 신청[3]을 해서 내년에 중학교로 옮긴다고 해도 꼬리표가 달라붙어. 교감이 그쪽에는 줄이 없을 것 같아? 이 동네 교장, 교감 둘 중 하나는 A사대 출신이야. B교육청도 그렇고. A사대 출신 교감을 갑질로 신고한 어느 선생님은 학교 옮길 때 집에서 가장 먼 중학교로 발령 났다더라. 고등학교만 근무했던 사람인데 생뚱맞게 중학교라니, 그 선생님이 얼마나 분해하던지……. 용인이나 광주로 옮기면 해결될 것 같아? 이 바닥 좁은 거 몰라? 한 다리 건너면 다 동창이고 동기야. 가재는 게 편이라고 서로 얼마나 감싸주는지 알잖아. 국민신문고에 글 올린 선생님은 용인으로 도망갔는데, 정년퇴임 3년 남은 사람한테 담임시키고 잡무를 잔뜩 몰아줘서 결국 명예퇴직 신청했다잖아. 그러니까 그냥 참는 수밖에 없어. 1학기만 견뎌. 2학기에는 자율학습만 시키니까 견딜 만할 거야. 막말로 담당 장학사가 몇 번이나 검토하고 오케이 한 교육과정이고 교사수급이잖아. 아마 장학사도 A사대 출신이니까 문제가 있는데도 그냥 승인했겠지. 기어이 문제를 크게 만들고 싶으면 전교조든 교총이든 일단 가입하고 해."

카르텔의 만행에 대항하려면 또 다른 카르텔에 속하는 방법밖에 없었다. 마지막 순간까지 나도 망설이고 고민했다. 하지만 나는 결국 어떤 교원단체에도 가입하지 않았다.

심리학자 에이브러햄 매슬로(Abraham Maslow)가 주장한 인간의 동기 욕구 가운데 소속감(혹은 안정감)은 하위에 자리한다.[4] 하위 단계를 충족해야 상위에 있는 자아실현 단계까지 나아갈 수 있다. 어딘가에 소속돼 있다는 것, 누군가 자신과 같은 생각을 하고 같은 것을 바란다는 것은 참 좋은 일이다. 하지만 어딘가에 소속되기 위해 나 자신을 바꾸거나 나의 의지와 반대되는 일을 하는 것이 나로서는 불가능했다. 구속과 소속감은 분명히 다르다. 그래서 나는 어떤 목적을 가졌든, 어떤 형태든 특정 단체에

속하는 게 싫었다. 특정 조직이나 단체의 구성원이 되면 내 생각과 다르더라도 끌려가는 일이 생긴다. 그건 소속이 아니라 구속이다. 나의 신념을 굽힐 바에는 과다한 업무를 맡는 게 낫다고 생각했다. 그래서 나는 여전히 혼자다.

이 글이 세상에 나오면 학교 내부의 문제점을 드러냈다는 이유로, 건방지게 카르텔에 맞섰다는 이유로 보복당할 가능성이 다분하다. 그렇다고 해도 나는 더 이상 비겁하게 모른 척하지 않을 것이다. 내가 모르는 누군가라도 상관없다. 또 다른 교사가 나처럼 카르텔의 횡포에 시달리지 않도록 주먹 꽉 쥐고 싸울 준비를 한다.

그리고 또다시 카르텔의 보복으로 끔찍한 상황에 내몰린다면 이번에는 다른 선택을 할 것이다. 고통을 참으며 짓밟히고만 있지 않을 것이다.

나는 끝까지 싸울 것이다.

[1] 카르텔은 경쟁조직에 대항하기 위해 담합하는 행위로 일종의 '파벌'로 해석할 수 있다.

[2] TO감은 인원 편성을 줄이는 것이고, TO증은 인원을 늘리는 것이다. 교육과정에 따라 학교의 교사수는 변한다. 교과목을 선택하는 학생이 많아 수업 시간이 늘어야 할 경우 TO증을 하고, 교과목이 개설되지 않을 경우에는 TO감을 한다. 학생들이 어떤 선택을 하느냐에 따라 교과목 담당 교사의 인원이 결정된다. 문제는 선택 학생이 적어 수업시수가 과하게 적어지는 경우다. 예를 들어 생물 교과를 선택한 학생이 1학급이면 생물 교사는 1주일에 서너 시간만 수업을 하게 된다. 이렇게 되면 '창의적 독서활동'이나 '진로활동'을 분배해서 전체 수업 시간을 학교 평균 시수와 비슷하게 조정한다.

[3] 전보발령 신청은 한 학교에서 2년을 근무해야 할 수 있다. 현임교의 근무기간이 2년으로 짧으면 1지망만 쓸 수 있다. 하지만 고등학교에서 중학교로 옮기거나 그 반대의 경우에는 1년 만에 전보발령을 신청할 수 있다. 학교급을 바꾸어 전보발령을 신청하는 것을 부적응 전보내신이라 한다.

[4] 매슬로가 주장한 욕구의 다섯 단계는 하위에서부터 생리적 욕구, 안전 욕구, 사회적 욕구, 존경 욕구, 자아실현 욕구이다. 매슬로는 하위 단계의 욕구가 충족되어야 상위 단계의 욕구가 생긴다고 주장했다.

편 가르기

그해 내가 다니던 학교는 교사들 사이의 분위기가 좋지 못한 것으로 유명했다. 상관이 나쁠 때는 보통 상관 욕을 하면서 아랫사람들이 뭉치는 것과는 반대였다. 교감은 독단적으로 업무분장을 했다. 누군가는 놀고 누군가는 과다한 업무에 시달리는 불공정한 상황은 교사들 사이를 한없이 멀어지게 했다. 교장과 교감은 그런 사실이 외부에 알려질까 봐 전전긍긍하면서도 교사 간 갈등이 드러날 때면 묘하게 즐기는 기색을 보였다. 교감은 싸움 구경을 좋아했고, 그 다툼에 끼어들어 자신의 권력을 증명하는 것은 더 좋아했다.

교감이 만든 업무분장표는 명확하지 않고 두루뭉술해서 매번 담당자를 놓고 서로 업무를 미루느라 다툼이 끊이지 않았다. 하지만 결론은 늘 하나였다. 교감의 기분에 따라 그때그때 담당자가 바뀌었다.

모르겠다. 사실 그해에 일어난 사건들은 희미하고 불안정한 기억으로 남아 있다. 3월은 당연히 매일 야근이었다. 하루에 세 명은 상담해야 학부모 총회 전에 상담을 끝낼 수 있었다. 수업도 많은데 상담까지 하려니 당연히 성대결절이 왔다. 목소리를 아끼려고 수업과 상담 외에는 한마디도 하지 않았다. 전입한 뒤에는 빨리 다른 교사와 친해져야 절차나 규정도 물어보고 도움을 받기 쉬운데, 당시의 나에게는 불가능한 일이었다.

친해질 시간도 여유로운 마음도 없었다. 커피를 마시며 수다 떨 수 있는 공강 시간에는 갖가지 잡무를 처리하느라 바빴다. 점심 식사 후 탄천을 산책하러 가기는커녕 식당까지 가서 밥 먹는 시간도 아까웠다. 같은 교무실을 쓰던 교사들은 그런 내가 마음에 안 들었던 모양이다. 가끔은 일부러 불편한 기색을 드러냈다.

학생들만 몰려다니며 누군가를 욕하고 따돌리는 게 아니라 교사들도 그렇다. 이전 학교에서는 교사가 심각하게 따돌림을 당해서 휴직하는 것도 보았다. 당시에 따돌림을 주도하는 교사에게 도대체 왜 그 선생님이 그렇게 싫으냐고 물었는데, 돌아온 대답은 어이없고 부당했다.

"언제나 하이힐을 신고 다니잖아. 애들 공부하는데 또각또각 신발 소리가 얼마나 신경 쓰이겠어? 정말 선생 자격이 없다니까!"

나는 아무 대꾸도 하지 않았다. 계속되는 비난도 모두 황당해서 그냥 듣고만 있었다. 잘못 대꾸했다가는 내가 다음 따돌림의 대상이 될 수도 있었다. 편 가르고 누군가 한 명을 정해 따돌리는 행동은 가장 교정하기 힘들다. 왕따를 조장하는 아이는 결코 그 버릇을 고치지 못한다. 따돌림당하던 아이가 전학 가면 반드시 또 다른 아이를 따돌린다.

나는 인간관계에서 편 가르는 행동을 혐오한다. 특정 정당을 맹목적으로 지지하는 사람이 되지 않으려고 반드시 보수와 진보 언론의 기사를 함께 읽는다. 특정 교원단체 가입도 당연히 거부한다. 학연, 지연, 혈연 등을 이유로 만들어지는 카르텔은 질색이다. 집단이 주는 동질감, 소속감, 안정감 따위는 부럽지 않다. 집단에 대한 맹목적 충성은 절대로 이해 불가다. 내가 분석하고 판단한 의견과 생각을 표현할 자유가 내게는 더 중요하다. 그래서 나는 언제나 혼자였다.

개인이라는 이유만으로 짓밟히는 경우가 있다. 엉뚱한 화풀이 대상이 되어도, 부당한 대우를 받아도 다들 모른 척한다. 자신과 어울리지 않는 사람은, 자기 무리가 아닌 사람은 언제라도 적으로 돌변할 수 있는 철저한 타인일 뿐이다.

아직도 일주일에 8시간 수업을 하던 스물일곱 살 물리 교사의 말이 잊히지 않는다. 점심시간에 교무실 앞에 있는 제본기로 프린트를 분철하는 아이를 도와주면서, 그 교사는 나 들으라는 듯 큰 목소리로 말했다.

"나니까 이렇게 친절을 베푸는 거야. 나 같은 선생 만난 걸 행운으로 여기라고. 저것 봐, 지구과학 수업 듣는 애들은 혼자서 제본하잖아."

순간, 왈칵 눈물이 쏟아졌다. 3월 내내 쌓였던 분노가 끝내 폭발했다.

"그래서? 나는 불친절하다는 뜻이에요? 듣기 거북하네. 나도 일주일에 8시간 수업하면 친절할 수 있어요."

학생들과 교사들이 보는데도 그냥 따졌다. 온몸이 부들부들 떨렸다. 그 일이 있기 전까지 나는 무슨 일이 있어도 학생들이 보는 앞에서는 다른 교사와 대립하지 않았다. 학생들에게 교사 사이의 갈등을 드러내는 것은 어리석고 부끄러운 행동이라고 생각해서였다. 하지만 그 당시에는 이성적으로 행동할 수 있는 상태가 아니었다. 싸늘한 침묵이 내려앉은 교무실을 빠져나와 화장실로 향했다. 구역질이 났다. 그날은 점심으로 싸 온 고구마를 먹을 시간도 없이 바빴다. 먹은 게 없으니 누런 신물만 올라왔다.

통제 불가능할 정도로 지친 내가 불쌍했다. 그 순간 도망쳐야 했다. 그 어떤 편법이나 수단을 써서라도 벗어나야 했다. 하지만 나는 비겁하고 무책임하게 도망치고 싶지는 않았다.

누구도 내 상황을 이해하지 못했고 누구도 내 감정에 공감하지 못했다. 이해받지 못한다는 것은 고립된다는 뜻이다. 나는 기댈 사람 하나 없이 외로움에 빠져 허우적거렸다. 아무도 내게 손 내밀지 않고 구경만 했다. 숨이 차 허우적거리고 다리에 힘이 빠져 가라앉는데도 나는 혼자였다. 그 절망과 좌절이 오랫동안 나를 괴롭혔다.

옳은 교사

교감의 고집대로 규정을 어기고 교원수급을 결정해서 생긴 문제는 교사의 수업 시간 편중에서 끝나지 않았다. 학급 편성에도 문제가 생겼다. 선택과목을 고려한다 해도 학급 재적인원은 비슷하게 편성하는 법이다. 참고로 요즘은 학급 재적이 25명인 경우가 많다. 하지만 지구과학 교사를 TO증 하지 않는 바람에 지구과학Ⅱ 과목을 선택한 학생들의 학급은 반드시 2학급이 되어야만 했다. 결국 지구과학Ⅱ 선택 학급은 34명이나 되는데, 화학Ⅱ와 물리Ⅱ 선택 학급은 재적인원 22명으로 편성되었다.

학급 재적인원 한 명이 얼마나 많은 업무를 만들어내는지 담임을 해보지 않은 사람들은 모른다. 그나마 담임 업무 과다는 나 혼자만 견디면 되는 사소한 문제에 해당한다.

학급 인원이 많아지면 학습 환경이 당연히 나빠진다. 아무리 잔소리해도 몇 명은 바닥이나 창문턱에 쓰레기를 버리는 나쁜 버릇을 고치지 못했다. "어차피 더러운 교실, 나 하나쯤이야, 모두 그러니까" 시간이 흐를수록 아무 데나 쓰레기를 버리는 학생이 늘었다. 내 입에서 '쓰레기'라는 단어만 나와도 아이들은 "또 시작이야" 하고 짜증 어린 한숨을 내뱉으며 이맛살을 찌푸렸다. 고등학교 3학년, 반복을 통한 학습이 가능한 시기는 지나버린 뒤였다. 공부 스트레스만으로 힘든 아이들에게 청소 스트레스까지 줘야겠냐는 학부모 항의도 많이 받았다. 결국 나도 포기했다. 졸업할 무렵에는 내가 노려보는데도 보란 듯이 바닥에 가래침을 뱉는 학생마저 있었다.

덩치 큰 남학생들이 대부분인 교실은 너무 좁아서 숨이 턱턱 막혔다. 산만한 수업 분위기에 집중하지 못하는 학생도 늘어났다. 딴짓하는 학생들이 늘어나면 교사의 신경이 분산되니 수업의 질도 떨어진다. 그렇게 악순환은 점점 빠르게 반복된다.

인원이 많으면 당연히 갈등도 많아서 끊임없이 다툼이 일어났다. 여름이 오는 게 두려웠다. 여유 없는 공간과 더운 날씨의 조합은 학교폭력 사건 발생의 완벽한 조건이다. 아무리 노력해도 오르지 않는 성적으로 인한 스트레스는 6월 모의고사 성적이 나오는 7월, 절정에 이른다. 신경질, 짜증, 분노, 우울, 부정적 감정이 마음속에 쌓이고 쌓여 분출 기회만 엿보다 터져 나온다. 따돌림, 말다툼, 몸싸움 등 모든 종류의 폭력이 끊이지 않았다. 하루에 두 건의 폭력 사건이 일어난 적도 있었다.

오랜 시간이 흐르고 그 시절을 몇 번이나 복기하고 나서야 깨달았다. 나는 오만했다. 친하게 지내던 교사들은 업무분장 상황을 듣더니 3월에 병가를 쓰라고 충고했다. 허리 디스크로 진료를 받던 터라 한 달 정도의 진단서 발급은 언제나 가능했다. 병가는 많은 교사가 담임에서 벗어나기 위해 쓰는 편법이었다. 나는 고민하고 갈등했다.

대부분 교사는 '좋은' 교사가 되려고 노력한다. 하지만 나는 아니었다. 나는 누구보다 나를 잘 알았다. 나는 '좋은' 교사가 되기에는 능력이 부족하고, 성격이 까다로웠으며, 고지식하고, 융통성이 없는 데다 고집도 세다. 그래서 처음부터 '좋은' 교사가 되는 것은 포기했다. 그렇다고 신념과 철학이 없는 한심한 교사가 되기도 싫었다. 나의 장단점을 철저히 분석한 결과, 나는 '옳은' 교사가 되기로 결심했다. 그것이 나의 유일한 교육철학이자 신념이었다.

옳은 교사가 되기 위해 나는 출근을 감행했다. 시도를 해보기도 전에 도망치는 행동은 내 무책임과 무능력을 드러내는 일이라고 생각했다. 그렇게 나는 지옥에 두 발로 걸어 들어갔다. 절벽 끝으로 내몰렸으면서도 살아남을 수 있으리라 믿었다. 처음에 도망갔어야 하는데 그러지 못했던 내 어리석음이 지금의 나를 만들었다. 일단 담임 업무를 시작하자 도저히 병가를 내고 쉴 수 없었다. 고3 담임을 교체하게 만들 수는 없었다. 그래서 버텼다. 견뎠다.

피곤이 쌓여 눈에 핏줄이 섰는데도 잠이 오지 않았다. 곤두선 신경은 갉작갉작 나를 괴롭혔다. 잠들고 싶은데도 잠이 오지 않았다. 내내 멍했다. 주당 60시간이 넘는 근무는 나를 피폐하게 만들었다. 아침 자율학습 시작인 8시까지 출근하려면 6시에 일어나야 했고, 오후 11시가 넘어야 집에 들어올 수 있었다. 아무도 없는 교무실에 남아 일하다가 끝내지 못하고 업무를 집에 가져오는 것이 일상이었다.

그렇게 끝까지 버텨내서 내가 칭찬을 받았을까? 아니, 나는 온갖 비난과 독설을 견뎌야만 했다. 업무에 치여 아이들과 라포르를 형성할 시간 따위는 없었다. 불행은 언제나 몰려다니는 법이다. 1999년생 아이들은 내게 세기말의 혼란과 공포만 안겨주었다. 아이들도 나도 서로를 소름 끼치게 증오하며 헤어졌다. 나의 오만한 아집은 최악의 이별을 안겨주었다.

나는 고집불통이다. 게다가 고지식하고 원리원칙주의자다. 편법이나 변칙을 혐오하며, 편집증이라 할 만큼 공정과 평등을 사랑하고, 온 힘을 쏟아 약속을 지킨다. 그래서 바보처럼 언제나 약속 시간에 가장 먼저 나와 기다리는 사람이 나다. 또한 비록 이해가 안 되고 찬성하지 않더라도 민주주의적 방식으로 타인이 만들어놓은 규칙에는 반항하지 않는다. 악법도 법이라는 소크라테스의 말을 곧이곧대로 지키는 사람이 바로 나다.

내게는 네 편이나 내 편 따위는 없다. 그래서 나의 정치적 성향은 언제나 내 신념과 일치하는 쪽을 찾아 헤맨다. 솔직히 말하면 아직도 헤매고 있다. 나와 가까운 사람이라도 옳지 못한 일을 하면 그것이 아무리 사소한 일이라도, 예를 들어 길거리에 쓰레기를 버리거나 무단횡단을 하면 내게 쓴소리를 들어야만 한다.

어릴 때부터 그랬다. 초등학교 1학년 때는 수업 시간에 화장실에 너무 가고 싶은데 참다가 오줌을 싼 적도 있다. 손 들고 화장실에 가겠다고 말하는 건 수업을 방해하는 나쁜 짓이고, 담임 선생님과 학생들에게 피해를 주는 행동이라는 생각에서였다. 참

부끄러운 과거다.

그러다 보니 인생이 괴로웠다.

대충 원고지 매수만 채우면 되는 연수결과보고서를 쓰는 데도 며칠이나 걸린다. 더 화나는 건 아무도 보고서를 읽지 않는다는 사실이다. 고속도로에서 80km 제한속도를 지키며 달리면 다른 차들이 경적을 울리며 속도를 내라고 종용하다 이내 추월해버린다. 주황색 신호등에 브레이크를 밟았다가 뒤 차에 들이받히기도 했다.

그렇다. 내 삶은 고달팠다.

약속 시간이 될 때까지 시계만 바라보며 어색한 시간을 보내기 일쑤였고, 남들은 대충 끝내는 업무를 하느라 야근은 당연했으며, 뒤에서 내 차를 들이받은 차는 내가 갑자기 멈춰 섰다며 오히려 큰소리를 쳤다. 게다가 어떤 사람들은 내가 편협하고 고지식하다고 뒤에서 욕하기까지 했다.

인생은 법칙대로 계산하면 정답이 나오는 수학이 아니라는 것을, 예외적인 변수와 조건이 무궁무진하고 정답은 여러 개일 수 있다는 것을 나는 너무 늦게 깨달았다. 규정 속도를 지키는 나 때문에 오히려 사고가 발생할 수도 있고, 너무 일찍 나와 있는 나 때문에 약속 시간을 지킨 친구가 괜스레 미안함을 느껴야 할 때도 있다. 어떨 때는 다른 이들이 하는 대로 세상의 흐름을 따르는 것이 규칙보다 더 나은 법이며, 그것을 변칙과 편법이 아니라 융통성이라 부른다는 것을 이제야 깨달았다.

그렇게 삶의 모든 것을 유연하게 바라보며 사건과 사고에 대해 융통성을 가지겠다고 결심하고 난 뒤로는 많은 것이 달라졌다. 매번 약속 시간에 늦는 친구를 이해하게 되었으며, 덮어놓고 자기가 지지하는 정치인이 옳다고 주장하는 친구를 포용할 수 있게 되었다. 물론 아무도 보지 않는 보고서를 애써 쓰느라 야근하는 일도 없어졌다.

나는 이제 타인뿐만 아니라 나 자신에게도 관용과 자비를 베풀 줄 아는 사람이 되었다. 삶은 훨씬 여유롭고 풍족해졌다. 신념은 우리 삶의 방향을 제시하고, 삶의 방식을 결정지으며, 때론 삶의 이유가 되기도 한다. 한마디로 개인의 신념은 그 사람의 삶이라 해도 될 만큼 중요하다. 하지만 어떤 경우에도 예외는 있는 법이다. 예외가 없는 신념은 위험한 독선일 뿐이다.

아이의 죽음

누구에게나 인생에서 가장 끔찍한 경험은 가까운 사람의 죽음일 것이다. 나도 마찬가지다. 특히 학생의 죽음은 그 아이를 가르쳤든 아니든 안타깝고 가슴 아픈 일이다. 도대체, 왜 죄 없는 아이가 죽어야 하는지 이해할 수 없어 오랫동안 잠들지 못한다. 죽음은 의지나 노력으로 극복할 수 없다. 삶은 통제가 불가능하다. 자신의 인생이 계획대로 흘러간다는 어리석은 믿음은 반드시 깨진다. 사건·사고는 갑자기, 어이없이 들이닥친다. 교직 경력이 쌓이면서 다양한 죽음을 겪었지만, 아무리 많은 죽음을 겪어도 죽음에는 절대로 익숙해지지 않는다.

교사들이 가장 두려워하는 것은 담임 학급원의 죽음이다. 그중에서도 가장 끔찍한 것은 자살이다. 끊임없이 생각한다. 과거를 바꿀 수 없다는 걸 알면서도 계속 '만약에'를 되뇐다. 만약에 내가 상담을 더 자주 했더라면, 만약에 내가 신경을 더 썼다면, 만약에……. 수많은 가정은 죄책감을 부추긴다. 어쩌면 자살을 막을 수도 있었다는 가능성이 교사를 평생 따라붙어 괴롭힌다.

겨우 6년 차일 때 전입하자마자 과학부장을 맡은 적이 있다. 부장 보직은 1급 정교사 자격[1]이 있어야 하는데, 과학 교사 중 나 혼자만 1급 정교사였다. 나보다 열다섯 살 많은 2년 차 남교사와 갓 졸업한 여교사가 부원이었다. 행정업무 처리는 온전히 내 몫이어서 어떤 날은 공문 15개를 보고하기도 했다. 나는 3개 학년 수업을 모두 하면서도 누군가에게 도와달라는 말 한마디 하지 않았다. 겸직하고 있어 업무분장에 대해 불만을 제기하기가 더욱더 힘들었다.

불만을 제기하면 돌아올 반응은 뻔했다.

"글 쓴다고 학교 일은 뒷전이지. 괜히 설치지 말고 맡은 일이나 책임지고 해."

언제나 학교 업무가 우선이었다. 글을 쓰는 건 나만의 일이지만 학교 업무는 여러 사람과 관련돼 있다. 특히 학생들과 관련된 업무라면 무조건 최우선으로 처리했다. 단 한 번도 학교 업무를 누군가에게 미루지 않고 내 몫으로 떨어진 업무는 아무리 어렵고 힘들어도 꾹 참고 해냈다. 전입해서 낯선 환경에 미처 적응하기도 전에 과다한 업무에 시달리면서도 나는 꾹 참았다.

그 당시는 개인적으로도 힘든 시기였다. 어머니가 많이 아프셨는데, 아버지는 지방에서 근무하시고 동생들은 모두 외국에 있어서 어머니 간병을 맡을 사람은 나뿐이었다. 간병휴직을 고민할 정도로 어머니의 건강은 좋지 않았다. 학교에서도 집에서도 마음 편치 못한 날이 이어졌다.

4월은 과학의 달이라 각종 대회와 행사로 바쁘다. 과학상상화, 발명, 글짓기, 물로켓, 과학상자 조립까지 마침내 모든 교내 대회를 끝낸 다음 날, 교장의 호출을 받았다. 교장실에는 교감도 있었다. 교장은 5월부터 2학년 학급 담임을 겸하라고 일방적으로 통보했다. 3월 담임은 아이들이 너무 힘들게 해서 못 견디고 육아휴직을 써서 도망가버렸고, 4월 담임도 계속 담임을 할 바에는 휴직하겠다고 했을 만큼 사건·사고가 끊이지 않는 학급이었다. 게다가 내가 수업을 하는 학급도 아니었다. 3월 담임을 대신하는 기간제 교사가 담임을 맡는 것이 가장 합리적이었다. 부장과 담임을 한꺼번에 하는 것은 무리였다.

하지만 교장은 기어이 내게 담임을 맡으라고 말했다.

"부탁하는 게 아니라 명령하는 거야."

그렇게 나는 5월부터 담임을 떠맡았다. 3월 담임도, 4월 담임도 학급업무를 전혀 하지 않아 그야말로 엉망이었다. 개학 첫날 작성해야 하는 비상연락망조차 없었다. 두 번이나 담임이 교체되는 바람에 학급 분위기도 뒤숭숭했다. 빨리 아이들 얼굴을 익히고 상담을 해야 하는데, 5월에는 교내 대회에서 우승한 학생을 데리고 시대회에 출전해야 해서 여의치 않았다. 교육청 출장으로 종례는 거의 부담임에게 부탁하는 상황이었다.

담임을 맡고 며칠 뒤, 한 학생이 무단조퇴를 했다. 하필이면 휴대폰도 없는 학생이었다. 겨우겨우 부모님과 연락이 닿아서 상황을 설명하고 난 뒤 퇴근했다. 단순히 중2의 반항쯤으로 생각했는데, 저녁 8시쯤 부모님에게서 전화가 왔다. 아이 방에서 유언장이 발견되었다고 했다.

앞이 보이지 않을 만큼 비가 거세게 내리던 밤이었다. 핸들을 돌리다가 지하차도 위쪽 벽을 박았다. 자동차 상태나 나의 부상 따위는 살필 여유도 없이 나는 학교로 향했다. 학교 앞에서 학부모를 태우고 우선 경찰서에 가서 신고를 했다. 경찰은 대수롭지 않게 여겼다. 그렇다고 마냥 기다릴 수는 없었다. 아이가 운영하는 인터넷 홈페이지에 접속해서 돌아오라고 설득하는 글을 남겼다. 아이는 10시쯤 인터넷에 접속해 간단한 글을 남겼다. 주변 도시의 PC방과 찜질방까지 모두 돌아봤지만 아이를 찾을 수는 없었다.

그리고 다음 날 오전, 경찰의 전화를 받았다. 그 이후는 기억하고 싶지 않다.

학부모들은 갑작스러운 아이의 죽음을 받아들이지 못한다. 그래서 슬퍼하는 게 아니라 분노한다. 아이의 죽음에 대해 책임질 사람을 찾는다. 담임이 바로 그 사람이다. 학부모들은 비이성적이고 불합리한 원망을 퍼부으며 담임을 공격한다. 교통안전지도를 하지 않아 아이가 자동차에 치였다고, 학교 옥상 문을 잠그지 않아 아이가 추락했다고, 가정불화나 교우관계 등의 문제를 털어놓을 만큼 친밀하지 못해 아이가 자살했다고, 담임이 신경을 써서 상담을 더 자주 했다면 죽지 않았을 거라고……. 그러다가 가끔은 담임을 고소하기도 한다.

담임교사에게도 아이의 죽음은 충격이고 상처다. 하지만 교사에게는 슬퍼하거나 아파할 권리와 시간이 주어지지 않는다. 교육청에서 나온 장학사는 교사의 실수나 잘못이 없었는지 몇 번이나 같은 질문을 반복하고, 교장은 어떻게든 책임을 회피하려고만 한다. 학부모의 원망, 장학사의 질책, 교장의 짜증은 교사가 스스로를 의심하게 만든다. 정말 내가 잘못한 걸까? 나 때문에 아이가 죽은 걸까? 끝없이 질문하며 자신을 닦달하고 괴롭힌다. 사소한 잘못이나 실수조차 용서할 수 없다.

아이의 장례식장.

나는 한구석에 숨어서 상처를 후벼 파기만 했다. 모든 것이 내 탓인 것만 같았다. 불합리하고 비이성적인 사고만이 나를 지배했다. 학부모, 장학사, 교사, 교감, 교장, 학생들까지 그 누구도 나에게 위로 한마디 건네지 않았다. 그들이 내게 보여준 것은 저열한 호기심과 무조건적 비난뿐이었다. 타인의 상처나 고통을 완벽히 이해하고 공감하는 것은 불가능하다. 그 누구에게 무엇도 기대하지 않았다. 아니, 그들은 아무 잘못이 없다. 나에게 가장 큰 상처를 입히고 절망에 빠뜨린 것은 나 자신이었다.

교사도 인간이다. 완벽할 수 없다. 실수도 하고 잘못도 한다. 그다음에 똑같은 실수를 하지 않게 주의하고 잘못을 고치면 더 나은 교사가 될 수 있다. 하지만 죽음은 되돌릴 수 없다. 잘못이나 실수는 절대로 용납되지 않는다. 그래서 좌절하고 절망한다.

"나쁘고 아픈 경험일지라도 한 명의 교사로, 한 명의 인간으로 성장하고 성숙하게 만드는 데 도움이 된다. 어떤 삶이든 상처와 고통을 피할 수는 없다. 시간이 흐르면 상처는 나아가고 고통은 줄어든다. 결국 상처를 낫게 만드는 것은 개인의 극복 의지와 노력이다."

이런 이성적이고 합리적인 충고 따위는 아무 소용이 없다. 보기 싫은 흉터는 결코 희미해지지 않는다. 상처는 사소한 일에도 다시 벌어져 피가 난다. 그 상처를 또 후벼 파는 것은 자기 자신이다.

단 한 번도 타인에게 내 상처를 드러낸 적이 없다. 고통스러워도 혼자 견뎠다. 누구에게도 알리고 싶지 않았다. 알려져서 나에게 좋은 점은 아무것도 없었다. 싸구려 호기심과 어이없는 소문만 무성할 게 뻔했다. 아니다. 교사들의 시선과 학생들의 손가락질 따위가 문제가 아니었다. 상처는 건드리면 덧나기만 할 뿐이다. 그렇게 꽤 오랫동안 혼자 고통을 참아냈다. 어차피 가까운 이의 죽음을 극복하는 것은 불가능하다. 그렇게 외면하고 회피했다. 어떻게든 숨기려고 애쓰는 동안 상처는 곪아 썩어버렸는지도 모른다.

희망은 냉혹하게 기만당하거나 잔인하게 배신당하기 일쑤지만, 체념은 모락모락 피어오르는 아지랑이처럼 마음을 편하게 해준다. 꿈은 노력보다 행운으로 실현되기 마련이다. 그래서 나의 방어기제는 언제나 외면과 회피, 무관심의 도돌이표를 따라 맴돌았다. 찢어지고 벌어진 상처는 무관심하게 내버려둬야 고통이 덜한 법이다.

그냥 모든 것을 모른 척하기. 그 비겁함이 현재 상황을 만들어 낼 줄 알았다면 결단코 나는 다른 선택을 했을 것이다.

나는 아직도 나 자신을 용서하지 못했다. 인간의 생사는 인간이 관여할 수 있는 영역이 아니지만, 아이의 죽음 앞에서 한없이 무력했던 나 자신이 용서되지 않는다. 어떤 사람들에게는 자신을 용서하는 일이 가장 쉬울지 모르지만 내게는 그것이 가장 힘들었다. 내가 왜 그 순간 그런 선택을 했을까? 내가 어떻게 그런 결정을 내렸을까? 후회하고, 자책하고, 절망했다. 내 잘못이 아니라고 수없이 되뇌며 세뇌해도 소용없다. 용서는 의지나 노력만으로 이루어지지 않는다. 아마 삶의 마지막 순간까지도 나는 나 자신을 용서할 수 없을지 모른다.

해마다 아이들이 죽는다. 질병, 교통사고, 화재, 익사, 가스폭발 그리고 자살……. 수많은 죽음을 겪었다. 아이들의 죽음을 대할 때마다 끝없이 나락으로 떨어진다. 차라리 학교를 떠날까 고민도 했다. 그래도 학교에 남은 것은 나 자신을 용서하기 위해서다. 단 한 명의 학생이라도 내가 구할 수 있다면 나 자신을 용서할 수 있을 것만 같았다.

나와 같은 아픔을 지닌 선생님들께 말해주고 싶다.

선생님의 잘못이 아니라고. 그러니 이제 스스로 용서해주라고.

---

[1] 사범대학을 나오면 2급 정교사 자격증이 나온다. 근무 경력이 만 3년이 되면 일정 기간 연수를 받고 1급 정교사 자격을 받을 수 있다.

마지막 전화

학급원의 자살은 나에게 극복할 수 없는 트라우마를 남겼다. 그래서 나는 고3 담임이 싫었다. 확률상 자살위험도가 가장 높은 학년이기 때문이다. 아이들은 대수롭지 않게 죽음을 말한다. 성적이 오르지 않아서, 아버지의 잔소리가 싫어서, 친구와 싸워서……. 사소한 이유로 죽어버리고 싶다는 무서운 말을 내뱉는다. 그때마다 공포와 긴장이 나를 덮쳐왔다.

"에이, 그냥 해본 소리예요."

아이가 피식거려도 나는 불안하다.

"안 죽어요, 안 죽어!"

아이가 그렇게 짜증을 낼 때까지 달래고, 야단치고, 갖은 방법을 쓴다.

수업하다가 여유시간이 남을 때면 나는 담임 학급 아이들에게 생명 존중 교육을 한다. 아이들은 쓸모없는 잔소리라며 투덜대지만, 괜찮다. 단 한 명이라도 살릴 수 있다면 그깟 불평쯤 견뎌낼 수 있다. 시간이 날 때마다 강조한다. 자살도 살인이라고, 살인자로 죽지는 말라고. 별의별 말로 아이들을 세뇌한다.

그리고 마지막으로 당부한다.

"그래도 정말 죽고 싶을 만큼 견딜 수 없으면 나한테 연락해. 내가 들어보고 판단해줄게, 정말 죽는 것 말고는 방법이 없는지. 그러니까 죽기 전 마지막 순간에 나한테 전화해."

"어떻게든 못 죽게 말리려고 그러죠? 하여튼 샘은 가끔 우리를 바보 취급해."

"그래, 맞아. 죽지 못하게 설득할 거야. 내가 다시 한번 살고 싶도록 용기를 줄게. 절망의 구렁텅이에서 내가 손잡아서 끌어내줄게. 내가 구해줄게. 그러니까 마지막 순간에 나한테 전화해. 꼭!"

"선생님이 못 구해줄 수도 있잖아요."

"구해줄 수 없다면, 정말 죽음밖에 길이 없다면 말리지 않을 거야."

"그러면 왜 전화하라고 해요? 마지막 인사라도 하라고요?"

"그냥 마지막 순간에 손잡아주고, 그저 같이 있어주려고……. 걱정 마. 자살을 말리지는 않을 거야. 솔직히 내가 말린다고 죽지 않을 것도 아니잖아. 그냥 이야기를 들어주고 싶어. 누군가가 자신의 불행을 이해해주는 것만으로도 고통이 줄어들 수 있으니까. 하지만 그래도 정말 죽음밖에 선택할 수 없는 절망이라면 그 선택을 존중해줄게. 그리고 함께 있을게. 가장 무섭고 두려운 순간까지도 너희들이 외로운 건 싫으니까."

아이들은 듣는 둥 마는 둥 하지만, 나는 시간이 날 때마다 말했다.

"잊지 마. 자살도 살인이야. 살인자로 죽지는 마."

아이들을 위해 그리고 나를 위해 반복한다.

"꼭 전화해. 마지막으로 나한테 전화해. 약속해."

그렇게 나는 기어이 아이들의 약속을 받아냈다. 그 약속이 나에게 더 큰 상처로 되돌아올 줄은 상상도 하지 못했다.

어떤 날

그해 9월 수시 원서접수 기간, 휴대폰이 끈질기게 울렸다. 학생과 입시 상담을 하느라 전화를 받지 못했는데, 발신인은 오래전 내가 담임한 제자였다. 상담이 끝나고 나서도 일이 꾸역꾸역 밀려들어 그만 깜박 잊고 말았다. 집에 도착하고 나서야 옛 제자와 통화하지 못했다는 사실이 떠올랐지만, 이미 밤 11시가 넘어 전화를 걸 수 없었다. 그렇게 잊어버렸다.

수시 원서접수가 끝나고 조금 여유가 생겼다. 수업 진도도 끝나서 자율학습 감독만 했다. 당연히 우울감이 사라지고 불면증도 나아지리라 믿었다. 그해에는 스승의 날 찾아오겠다는 제자들에게 너무 바빠서 도저히 여유가 없으니 무조건 10월 이후에

오라고 말해두었다. 매년 담임을 했기 때문에 꾸준히 연락하고 찾아오는 제자는 꽤 많았다. 가장 나와 잘 맞았던 해의 학급원들은 매년 몇 명씩 뭉쳐서 찾아온다. 그 제자들과 약속한 날은 아침부터 괜스레 들뜨고 기분도 좋았다.

그날도 그랬다. 친하게 지내면서 함께 온갖 말썽을 저질렀던 남자아이들 넷이 한꺼번에 찾아와주어 반갑기만 했다. 방과 후 텅 빈 운동장 벤치에 앉아 제자들과 이야기하느라 시간이 가는 줄도 몰랐다. 그해 학급원들과 사이가 별로 좋지 않아서인지 옛 제자들의 얼굴을 보는 것만으로도 바닥을 치던 자존감이 솟아오르는 것 같았다.

제자들에게 저녁을 사주려고 학교 근처 식당으로 갔다. 밥을 거의 다 먹었을 즈음 한 명이 잠깐 나갔다 오겠다고 했다. 나는 나가는 제자의 등짝을 한 대 치고는 잔소리했다.

"아직도 담배 피우냐? 하여간 내가 담임했을 때 어떻게 해서라도 끊게 했어야 하는데."

그러면서 다른 아이들을 돌아보며 물었다.

"너희들도 아직 못 끊었지?"

"아휴, 샘은 아직도 우리가 중딩이로 보이죠? 군대도 갔다 오고 대학도 졸업하고 취직도 했는데, 하여튼 그놈의 잔소리는 못

말린다니까."

"그래서 불만이야?"

"아닙니다요."

장난기 어린 대답에 웃음이 났다.

잠시 뒤 나갔던 아이가 들어오자마자 나는 자리에서 일어섰다.

"어두워지기 전에 빨리 가야지. 위험해. 게다가 곧 퇴근 시간이라 재수 없으면 차가 많이 밀려."

"또 잔소리."

아이들은 투덜거리면서도 일어섰다. 계산대 앞에서 신용카드를 내밀자 점원이 웃으며 말했다.

"이분이 계산하셨어요."

아까 나갔다 들어온 아이였다.

"야! 네가 무슨 돈이 있다고 계산해! 그거 취소하고 다시 계산해주세요."

"하여튼 못 말려."

제자들이 고개를 저으며 내 손을 잡아당기고 내 등을 밀어 가게 밖으로 나왔다.

"다음부터는 그러지 마."

당부하면서 다시 학교로 향했다. 나보다 작던 아이가 자라서 취직하고 받은 첫 월급으로 밥을 사주었다는 사실이 기특해 자꾸 웃음이 나왔다.

운동장에 주차해둔 자동차로 향하며 나는 다시 당부했다.

“운전 조심히 해. 신호 꼭 지키고.”

아이들이 자동차에 타기 직전 갑자기 떠오르는 얼굴이 있었다.

“참, 너희 연우랑 연락되니? 같은 동네니까 가끔 얼굴 볼 거 아냐?”

그 순간, 아이들이 내 눈을 피하며 곤란한 듯 서로를 흘낏거렸다. 갑자기 섬뜩했다. 팔에 소름이 돋았다.

나쁜 예감은 빗나가는 법이 없지만, 그래도 물을 수밖에 없었다.

“연우한테 무슨 일 있어?”

아이들은 서로 눈치만 볼 뿐 내 시선을 피한 채 입을 다물었다. 나는 아이들을 닦달했다.

“무슨 일인데? 혹시 어디 아파? 걔가 지난달에 전화했는데 내가 바빠서 못 받았거든. 깜박 잊고 있다가 며칠 뒤 전화했는데 안 받더라고. 숨기지 말고 말해. 무슨 일이야?”

나는 바로 옆에 서 있던 제자의 팔을 붙잡고 닦달했다. 꽤 오랜 망설임 끝에 아이가 입을 열었다.

“걔, 지난달에 자살했어요.”

순간, 숨을 쉴 수가 없었다.

"약속해. 마지막 순간에 나한테 전화한다고."

반강제로 약속을 받아냈다. 그렇게 누군가를 구하려고 애썼다.

"마지막 순간에 외롭지 않게 내가 손잡아줄게."

연우는 절망과 좌절 속에서 허우적거리며 내게 손을 내밀었을 것이다. 그 손을 잡아주지 못했다.

이미 숨이 차고 다리에 힘이 풀린 채 버티고 있었다. 나는 더 이상 허우적거리지 않았다. 나는 그대로 가라앉았다.

악(惡)의 해, 동화 속에서 걸어 나오다

사람마다 스트레스를 견디는 정도가 다르다. 스트레스에 반응하는 방법도 다르다. 인간이 견딜 수 없는 스트레스에 직면하면 우울증에 걸린다. 나에게 그해는 세상의 모든 악을 경험한 해였다.

선함이 다양성을 가지고 있듯 악함도 다양한 법이다. 정년퇴임을 앞둔 교장은 퇴직 후 해외여행을 계획하느라 학교 업무는 방관하고 전혀 관심을 보이지 않았다. 그 덕분에 얼렁뚱땅 전권을 쥔 교감은 여러 방면으로 문제가 많았다. 일단 자신이 좋아하고 싫어하는 교사를 분명하게 편 가르고 대우에도 차별을 두었다. 자신이 원하는 대로 하기 위해서라면 어떤 불법이나 편법도 개의치 않는 유형이었다.

부당하고 불합리한 업무분장으로 그 고등학교는 교사들 사이도 나빴다. 누구는 이틀 걸러 1시간씩 수업하고 누구는 하루 5시간씩 수업하는데, 그 두 부류가 사이좋기란 불가능했다. 보통 상관의 갑질은 사람들의 단합을 이끌어내지만 교감의 갑질은 교사들의 끝없는 분열만 가져왔다.

업무분장만 문제가 아니었다. 교감은 자기 마음에 들지 않는 교사에게는 조퇴나 초과근무 신청도 허가하지 않았다. 게다가 성격만큼이나 말도 뾰족하고 거칠었다. 결재받으러 갈 때마다 교감에게 어떤 모욕이나 멸시를 당할지 두려웠다. 학생들의 체험학습신청서를 집어 던지거나 교사에게 소리를 내지르는 것은 흔한 일이었다. 결국 이를 견디다 못해 학생이 교감을 아동학대로 경찰에 신고하고, 참다못해 교사가 교감을 갑질피해신고센터에 고발하는 일까지 있었다.

상황이 그 정도로 심각한데 교감의 부당하고 불합리한 업무분장에도 참기만 하는 나를 사람들은 이상하게 여겼다. 그래도 나는 참았다. 과다한 업무가 몰린 교사들은 어떻게든 다양한 수단과 방법을 찾아 학교를 쉬었다. 어떤 선생님은 병가를 내고 어떤 선생님은 육아휴직을 하는데, 나는 그냥 참기만 했다.

너무 업무가 많아 하루하루 버티기도 힘들었다. 게다가 인생에서 가장 중요하다는 고등학교 3학년 담임이라 쉴 수도 없었다. 고질병이었던 디스크로 제대로 걷지 못해 절뚝이면서도 학교에 갔다. 불면증이 심해져 붉게 충혈된 눈을 부릅뜨고 성대결절로 쉰 목소리를 높여 수업을 했다.

그렇게 해서 나는 능력 좋은 교사로 인정받았을까? 천만의 말씀, 나는 능력 없고 아이들에게 무관심하며 사소한 일에도 신경질적인 교사로 이름을 날렸다.

업무가 많은데도 살아남으려니 별수 없었다. 담임 맡은 학급원들과의 상담은 최소한으로 줄였다. 수업이 많으니 목이 쉬지 않게 하려면 어쩔 수 없었다. 수능 과학탐구영역 응시를 하지 않는 인문계열 학급의 수업은 대충 하고 자습시간을 많이 주었다.

그랬는데도 숨쉬기가 버거웠다. 3학년 하위권 학생으로만 채워진 학급이었다. 인원이 옆 학급의 1.5배나 되는 학급원들은 끊임없이 사건·사고를 일으켰다. 상상도 할 수 없는 각종 사건으로 매일 아이들과 실랑이를 벌여야 했다. 상담은커녕 매일 학교폭력 사건으로 아이들을 야단치고 관련 업무를 처리하느라 바빴다. 졸업을 앞두고 강제전학 결정이 내려진 아이를 학교에 남기기 위해 학부모와 교사를 설득해서 합의하게 만드는 일도 했다.

지쳤다. 매일 아이들을 다그치고 야단치기만 했다. 그러니 라포르 따위를 형성할 시간이 있겠는가? 아이들 입장에서는 신경도 제대로 안 써주면서 매일 야단만 치는 신경질적인 담임, 한마디로 최악의 선생이었다.

그나마 아이들이 일으키는 말썽은 이해했다. 학부모의 갑질은 상상을 초월했고, 학급에 들어오는 교과 담당 교사의 학생 관련 범죄까지 일어났다. 한마디로 동료 교사, 교감, 학생, 학부모까지 모든 사람이 나를 향해 달려드는 것 같은 한 해였다. 당연히 우울증에 걸릴 수밖에 없는 환경이었다.

나는 온갖 수모와 멸시, 모욕과 분노, 절망과 우울까지 그 모든 걸 견디고도 신경질적이고 무능한 교사가 되어버렸다. 그 반면에 일주일에 3시간 수업을 한 교사는 아이들에게도, 교사에 교감에게도 친절하고 유능한 교사로 인정받았다. 한마디로 나만 악한 사람이 되었다. 그제야 깨달았다, '약한' 사람은 '악한' 사람이 될 수밖에 없다는 것을.

흔히 역사는 강자와 승자의 기록이라고 한다. 어떤 입장에서 보느냐에 따라 역사는 완전히 다른 이야기가 되어버린다. 승자와 강자가 거짓말을 한다는 이야기가 아니다. 기억은 그 순간을 지나는 지점부터 왜곡되고 변질되기 마련이다. 그렇게 강자와 승자는 선하고 유능한 사람이 되고 약자와 패자는 악하고 무능한 사람이 되는 이분법의 역사가 탄생한다.

억울했다. 분했다.

나는 어린 시절 읽었던 동화책을 아직도 가끔 꺼내 본다. 동화의 원형은 결국 실화인 경우가 많다. 그래서 나는 권선징악과 성선설을 믿었다. 그리고 아이들에게도 그렇게 가르쳤다. 하지만 아니었다. 내 믿음은 그해에 완벽히 깨졌다. 세상은 선한 자보다 강한 자가 성공하는 곳이었다. 당시 교감은 지금 교장이 되어 더 심각한 횡포를 부리고 있고, 비열한 사건을 저지른 학생은 명문대학에 합격했다고 동네방네 자랑하고 다닌다. 그리고 범죄를 저지른 교사는 우습게도 학생들에게 가장 인기 좋은 교사 중 한 명이다.

권선징악은 인간의 힘으로 실현 불가능했다. 신은 결말이 뻔한 유치한 동화 따위는 원하지 않았다. 악(惡)이 선(善)을 잡아먹고 비(非)가 시(是)를 짓누르는 혼돈의 세상, 그게 신이 원한 세상이었다.

선과 악의 싸움에서 이기는 건 언제나 악이다. 하지만 내가 그 사실을 도출하기까지, 그 명제를 인정하기까지, 그 가설을 증명하기까지의 과정은 악랄하고 길었다. 그리고 그 기나긴 시간의 흐름 뒤에도 나는 그 명제를 인정할 수 없었다. 단 하나의 예외만 찾아도 명제는 법칙이 될 수 없다. 나는 그 단 하나의 예외를 찾기 위해 버텼다. 학급당 30명, 학년은 기본 10학급, 학부모까지 더한다면 내가 대하는 인간은 한 해에 천 명이 넘는다. 그렇게 몇 년이라는 시간이 흘렀다. 나는 아직도 예외를 찾아 헤매고 있다.

권선징악이 이루어지는 동화가 어린아이의 이야기인 것은 그 이야기에 공감할 수 있는 어른이 없기 때문이다. 현실에서는 윤리가 이익을 위해 훼손되고, 원칙은 융통성이라는 이름으로 뭉개지며, 노력은 사소한 불운에 짓밟힌다.

하지만 어린 시절 동화에 세뇌당한 나는 동화 같은 세상을 꿈꿨다. 원리원칙을 지키려고 노력하고 부도덕한 일은 절대 하지 않았다. 문제는 내가 그러니 남도 그래야 한다고 생각했다는 것이다. 나는 몰래 뒷돈을 받아먹는 교장·교감도, 입시를 위해 생활기록부를 수정하는 동료 교사도 이해할 수 없었다. 하지만 그들에게 당당히 항의한 결과 고지식한 사회 불만론자라는 비난만 받았을 뿐이다. 도대체 내가 뭘 잘못했는지 알 수 없었다. 그래서 우울했다.

나의 동화는 거짓이었다. 계모의 구박에 시달려도 나를 도와주는 요정 할머니 따위는 나타나지 않을 것이고, 마녀가 탑에 가둔 나를 구하러 오는 왕자 따위는 기대하지 않아야 한다. 동화가 거짓이라는 사실을 알게 된 뒤 우울증은 더 악화되었다.

그렇게 인생 최악의 순간으로 떨어지고 나서야 비로소 깨달았다. 진정한 어른이 되려면 동화 속 세상에서 걸어 나와야 한다는 것을. 아름다운 동화 속에서 걸어 나오는 데는 감정의 소모가 큰 법이다. 한 걸음 한 걸음 내디딜 때마다 상처 입었고, 한 걸음 한 걸음 내디딜 때마다 절망스러웠다. 그렇게 나는 슬픈 어른이 되었다.

하지만 끝이 없을 것 같은 고통도, 계속되는 좌절도 결국은 끝나기 마련이다. 마침내 나는 나의 동화가 거짓이라는 사실을 인정하고 받아들였다. 삶은 동화와는 정반대의 클리셰로 가득하다는 것도 깨달았다. 아무리 나의 신념과 정반대라도, 나의 꿈과는 정반대라도 그런 세상을 인정해야만 우울증이 나아질 수 있다는 것을 이제는 안다.

그렇게 나는 어른이 되었다.

악의 평범성(Banality of evil)

건망증이 생겼다.

사소한 일에도 짜증이 심해졌다.

아무것도 하고 싶지 않은 무기력이 날 지배했다. 미래에 대한 희망은 없고 과거에 대한 후회로 가득했다. 단순히 피곤해서라고 생각했다.

새벽 6시. 일어나자마자 출근했다. 딴생각을 할 틈도 없이 업무에 치이고, 커피 한 잔의 여유도 없이 바삐 움직였다. 업무 하나를 끝내고 한숨을 쉬고 있으면 업무 두 가지가 쌓이는 하루하루가 반복되었다.

밤 11시. 퇴근하자마자 침대에 누웠다. 다들 그렇게 산다고 생각했다. 언젠가부터 잠이 오지 않기 시작했다. 너무 피곤해서 온몸의 근육이 쑤시고 결리는데, 붉은 핏발이 선 눈은 뜨고 있기가 힘들 정도인데 잠이 오지 않았다. 그 대신 온몸의 신경이 날카롭게 곤두서기 시작했다. 이 생각, 저 생각, 모두가 부정적이고 절망적인 생각들. 밤새도록 생각했다. 누군가를 원망하고, 누군가에게 분노하고, 누군가에게 복수하는 상상을 하며 새벽을 기다렸다.

수면이라는 휴식을 취하지 못한 몸은 금세 망가지기 시작했다. 독감, 하혈, 위경련, 허리 디스크……. 게다가 수면 부족에 따른 집중력 저하로 업무 속도가 늦어지고 실수도 잦아졌다.

처음에는 술을 마시기 시작했다. 알코올로 인해 둔해지는 감각이 마음에 들었다. 술에 취하면 하루 종일 나를 억누르던 스트레스도 별것 아닌 듯 느껴졌다. 그래서 점점 더 술을 많이 마시기 시작했다. 친구들과 가족이 알코올중독을 걱정할 정도로 술을 마시는 횟수와 양이 늘어났다. 하지만 나는 술을 줄이라는 충고를 듣지 않았다. 술을 마셔야 상처가 희미해지고, 술을 마셔야 모든 것을 잊고 잠들 수 있었다.

과중한 업무만이 문제가 아니었다. 모든 일의 시작은 결국 인간이었다.

무능력하지만 운 좋게 승진한 교장·교감은 업무에 대해 하나도 모르면서 트집을 잡기 바쁜 데다 전혀 쓸모없는 업무를 만들어내기 일쑤였으며, 모욕적인 언사를 써서 자신의 권위를 내세우는 한심한 인간이었다.

시기와 질투로 똘똘 뭉쳐 사소한 일에도 날 깎아내리려 하는 동료 교사는 아부와 이간질의 달인으로, 은근슬쩍 자기 일을 떠넘기는 것도 모자라 성과는 가로채고 실수는 뒤집어씌우는 파렴치한 인간이었다.

인간관계를 중요시하는 같은 부서의 교사는 인간관계를 관리하느라 언제나 업무를 제시간에 마치지 못해 내가 마무리해야 했고, 어쩌다 제시간에 마감한 업무는 실수투성이여서 오히려 일을 더 만들어내는 신기한 재주가 있는 인간이었다.

학생과 학부모는 번갈아 가며 부당한 민원을 제기하고, 자신들의 민원을 들어주지 않으면 온갖 모욕과 협박을 일삼았다.

퇴근하자마자 미친 사람처럼 술을 들이켜고 정신을 잃어야 겨우 현실을 견딜 수 있는 나날이었다. 그렇게 1년, 나는 더 이상 술을 마시고도 잠들지 못했다.

처음에는 약국에서 파는 수면유도제를 먹기 시작했다. 의사의 처방 없이 살 수 있는 수면유도제는 효력이 너무 약했다. 한 상자에 열 알, 2천 원. 술과 함께 열 알을 모두 삼켜도 잠은 오지 않았다. 그 싸구려 위안마저 허락되지 않는 시간이었다.

취한 정신은 감정 기복을 극대화했다. 억울하고, 화나고, 짜증나고, 슬프고……. 세상의 모든 부정적 감정이 내 속을 가득 채워 넘쳐흘렀다. 감정이 날 찌르고, 쑤시고, 할퀴었다. 너무 고통스러워서 참을 수가 없었다.

아파트 14층, 거실 유리창 밖으로 보이는 어두운 하늘. 날아오르고 싶었다. 텅 빈 허공으로 한 발만 내디디면 고통에서 자유롭게 될 터였다.

그렇게 괴로워하면서도 주어진 업무를 꾸역꾸역 하며 버텼다. 불행히도 나의 피나는 노력은 해피엔딩을 맞지 못했다. 그해를 견디면서 나는 오히려 나쁜 교사의 전형이 되어버렸다. 이리저리 업무에 치이다 보니 몸은 힘들고 짜증이 날 수밖에 없었고, 잘못을 뒤집어씌운 동료에게 앙심이 남아 있으니 그 동료만 보면 저절로 얼굴이 찌푸려졌다.

참고 참다가 사소한 일에 폭발하는 경우야말로 최악이다. 상대가 황당한 얼굴로 나를 쳐다보면 지켜보던 사람들이 끼어든다.

"뭐 이런 일로 화를 내?"

나는 달래듯 내 어깨를 두드리는 제삼자에게도 마구 퍼붓는다.

"알지도 못하면서 왜 끼어들어?"

그렇게 나는 사소한 일에도 화내고 짜증내는 히스테릭하고 이상한 인간이 되어버렸다. 한마디로 남 좋은 일만 실컷 하고 좋은 소리는 한 번도 듣지 못했다. 한번 붙은 꼬리표는 좀처럼 떨어지지 않는다. 일단 폭발하고 나면 그게 아무리 드문 일이어도 효과가 오래도 갔다. 사람들의 머릿속에 나는 성격 더럽고 신경질 심한 사람이 되어버렸고, 내 인생은 우울하고 짜증 나는 일로 가득했다.

정말 우스운 것은 그렇게 성격 더러운 인간으로 찍혀도 사람들은 아랑곳하지 않는다는 사실이다. 나는 여전히 남의 업무를 떠맡고 남의 실수를 뒤집어썼다. 뒤에서는 신경질적이라고 욕하면서도 자기들의 이익을 챙기려고 날 이용한다. 그러면 난 또 바보처럼 말 한마디 못 하고 당한다. 그리고 참고 참다 또다시 폭발한다. 정말 우울한 도돌이표다.

분했다.

억울했다.

화가 났다.

나에게만 닥쳐오는 좌절과 절망이 견딜 수 없을 만큼 무거웠다.

우울증은 뇌를 변형시켜 분노를 증폭시키고 폭력성을 부추긴다. 어떤 날에는 세상 모두를 파괴하고 싶었다. 폭탄을 만들어 학교 전체를 날려버리는 상상도 했다. 사소한 사건만 벌어져도 감당할 수 없으리만큼 짜증이 나고 화가 나고 분노가 치솟았다. 세상 전부가 내가 겪는 불행을 느끼게 하기 위해서는 어떤 방법이라도 쓸 수 있을 것 같았다. 범죄자들이 이해가 갔다. 분노가 쌓이고 절망이 짓누르면 누구나 그렇게 될 수 있다. 인간이란 나약한 존재니까. 그 사람들도 처음부터 악한 사람은 아니었을 것이다. 그저 현실이, 인생이 비참했을 것이다. 사회가 주는 부담이 폭력과 강압으로 변해갈 때 사람이 얼마나 악해질 수 있는지 겪어보지 못한 사람은 절대 모른다.

세상에 화가 나고, 인간에게 분노가 들끓었다. 인간이 악한 것이 아니라 상황이 악한 인간을 만든다고 했다. 나는 어느새 악한 인간이 되어 있었다.

어쩌면 내부 고발자가 되면 힘들어질까 봐 비겁하게 참기로 했던 바로 그 순간에 나는 이미 악해졌는지도 모른다. 싸우고 싶지 않아 참는다고 생각했는데, 아니었다. 결국 나는 자신의 이익을 위해 불의를 모른 척한 것이다.

그 당시에 갑질이 한창 이슈였다. 뉴스에서 사장이 사원에게 욕하며 발길질하는 장면이 나왔다. 그렇게 바로 옆에서 무차별적인 폭력이 이루어지는데도 주위 사람들은 아무렇지도 않게 노트북을 보며 업무를 수행하고 있었다. 피해자와 가해자를 오려내면 일상적인 사무실 풍경이었다. 말리는 사람도 끼어드는 사람도 없었다. 모두 자신의 이익과 상관없다면서 모른 척했다.

직접 때리지 않았으니 자신은 죄가 없다고 주장할지 모르겠다. 그렇지 않다. 불의를 보고도 싸우지 않는 사람은 비겁한 악인일 뿐이다.

부당하고 억울한 상황과 마주쳤을 때, 갑의 횡포에 저항할 용기가 없는 인간들이 하는 말이 있다.

"그래, 착한 내가 참자. 내가 착하니까 참는다."

변명이다. 그건 착한 게 아니라 비겁한 것이다. 저항에는 대가가 따르니까.

교사들은 '이지메'에 가담하는 것뿐 아니라 이를 모른 척하는 방조도 나쁜 일이라고 가르친다. 그러면서 정작 자신들이 새 학교에 발령받았을 때 '태워지는' 부당한 상황을 견딘다. 그 이유는 단 하나다.

'올해만 버티면 내년에는 새로 오는 선생들이 또 과다한 업무에 시달릴 테니 괜찮아. 새로 오는 교사만 태우면 되지.'

그 상황이 부조리하고 부당하다는 것을 알면서도 관례로 받아들인다. 그리고 그 관례는 점점 가치관으로 자리 잡아 교사를 잠식해 들어간다.

천사들은 지옥에서 살아남을 수 없다. 지옥에서는 자신의 권력을 이용해 다른 이를 짓밟고 괴롭히며 희열을 얻고, 죄 없는 이들이 죄를 뒤집어쓰고, 가진 자가 더 많이 가지려 가난한 이의 것을 빼앗고, 다른 이의 행운에 기뻐하기보다는 시샘하고, 물어뜯고 싸우면서 서로를 미워한다. 지옥에서 벌어지는 이 모든 행위를 천사는 결코 이해할 수 없다. 그래서 지옥에 떨어진 천사는 손가락질받는 이방인이 되어버린다.

그리고 긴 외로움에 지쳐 결국 악마들과 어울리기 위해 이해할 수 없는 이들을 닮으려 노력한다. 지옥은 천사도 악마로 만든다. 그러니 나 따위 하찮은 인간이 악해지는 것은 순식간이다. 노력이 쓰러지고 희망이 부서졌을 때 인간이 선택할 수 있는 길은 그리 다양하지 않다. 나는 그저 살아남고 싶었을 뿐이다.

정치철학자 한나 아렌트(Hannah Arendt)가 집필한 《예루살렘의 아이히만》에는 '악의 평범성'[1]이라는 개념이 나온다. 아이히만은 나치 장교로 유대인 학살에 앞장섰던 인물이다. 전쟁범죄로 체포된 아이히만은 모두의 예상과는 달리 반사회적 인격장애자가 아니라 지극히 평범한 사람이었다. 한나 아렌트는 홀로코스트(holocaust)를 비롯한 대학살이나 전쟁이 그저 상부의 명령에 순응한 평범한 사람들에 의해 이루어졌다며 '악의 평범성'을 주장했다. 그 주장에 동의한다. 내가 그랬으니까.

노력이 배반당하고 선의가 멸시당하는 세상에서 꿈은 악몽이 될 수밖에 없다. 악과 마주쳤을 때는 더 크고 강한 악이 되어야만 살아남을 수 있다. 그렇게 나는 악이 되었다. 어차피 성격 더러운 인간이어야 한다면 하고 싶은 말을 담아두고 내 안에서 썩어 들어가는 상처와 모멸감을 참을 필요는 없었다.

나는 사소한 손해도 감수하지 않고 누구에게나 따져 묻는 사람으로 변했다. 일부러 공개적으로 항의하는 메시지를 보내기도 했다. 그렇게 싸움꾼이 되어서 나는 이듬해 과학부 소속 비담임이 되었다. 결국 악이 이긴 것이다.

언젠가부터 세상은 모호하고 흐릿해졌다. 선명하게 드러나는 동화 속 선악 따위는 존재하지 않는다. 나에게 나쁜 짓을 저지른 인간이 다른 누군가에게는 죽도록 사랑하는 사람이고, 다른 이에게 악한 짓을 저지른 인간이 나에게는 은인이 되기도 한다. 그 불분명함이 언제나 나를 망설이게 했다.

선과 악의 가장 큰 차이점은 한계와 전염력이다. 선은 제한된 범위에서 지루하고 답답할 정도로 느리게 전파되는데, 악은 한계를 모르고 기하급수적으로 재생산된다. 여러 명이 모여 집단을 형성하면 잠재돼 있던 악은 팽창해 폭발한다. 판단력은 흐려지고, 죄책감은 뭉개진다. 현실에서는 권선징악 따위는 이루어지지 않는다. 그래서 선은 언제나 순식간에 악에 잡아먹힌다.

동화 속에서나 존재하는 게 권선징악이다. 어린아이들이나 믿을 수 있는 이야기니까. 물론 예외는 있다. 그래서 악이 선을 이길 때, 그 드물고 보기 힘든 순간을 우리는 기적이라 부른다. 평생 살면서도 보지 못할 가능성이 높은 순간, 눈앞에서 보고도 믿지 못할 동화가 현실이 되는 순간 말이다.

동화까지는 바라지 않는다. 그저 내 제자들이 살아가야 하는 세상은 좀 더 아름다워지길 바랐다. 엉뚱한 행운보다는 노력하는 사람들이 성공하고, 타인의 어려움과 고통을 자신의 위안으로 삼기보다는 진심으로 같이 아파할 줄 아는 사람들이 행복한 아름다운 세상이 되길 바랐다. 그래서 나는 모른 척할 수 없었다. 악한 인간이 되어버린 나 자신을 견뎌내기 힘들었다.

나는 결국 그 악의 구렁텅이에서 벗어나기로 결정했다. 그래야만 악의 유혹에서 벗어날 수 있을 테니까.

---

[1] 제2차 세계대전 뒤 나치 전범재판에서 아돌프 아이히만은 자기 손으로 사람을 죽이지 않았으며, 공무원으로서 임무에 충실했을 뿐이라고 변명했다. 한나 아렌트는 이 재판을 기록한 책 《예루살렘의 아이히만》에서 '악의 평범성'이라는 개념을 제시하며 아이히만의 유죄를 주장했다. 악의 평범성이란 모든 사람이 당연하다고 여기는 행동이 악이 될 수 있다는 개념이다. 즉, 악마적 인간이 아니라 평범한 인간이 악을 행하는 것을 의미한다. 자신이 기계적으로 행하는 일에 대해 비판적으로 사고하지 않은 것 자체가 바로 악이라는 의미다. 홀로코스트도 국가의 명령에 복종해야 한다고 여기는 평범한 사람들에 의해 행해졌다.

첫 정신과 진료

결국 나를 악으로 내몰았던 학교를 2년 만에 떠났다. 일단 그 학교를 떠나면 나아질 것으로 기대했다. 모든 것을 잊을 수 있으리라 생각했다. 하지만 이를 악물고 참고 버텼던 내가 안심하고 온몸의 힘을 뺀 바로 그 순간, 감정은 폭발했다.

이번에는 중학교 1학년 담임이었다. 덩치 큰 고3만 보다가 중1을 보고는 너무 귀여워서 꺅 소리를 질렀다. 나이스[1] 업무, 학부모위원회, 교권위원회 등의 업무 담당이었다. 나이스에서 내가 업무권한을 줘야만 다른 교사들이 업무를 할 수 있다. 한 번도 해본 적 없는 업무였다. 담당업무가 매년 바뀌는 것도 사실은 큰 스트레스다. 새로운 업무를 맡아 실수를 하지 않기란 불가능하기 때문이다. 교사들이 특정 권한을 달라며 계속 메시지를 보내왔다. 되도록 빨리 처리하려 최선을 다했지만, 아무리 해도 하루에 수십 통씩 메시지가 쌓였다.

개학한 지 17일, 일부러 짜기라도 한 듯 담임들이 1분마다 나이스 권한을 달라는 메시지를 보냈다. 한 가지 업무를 끝내면 열 가지 업무가 쌓였다. 왈칵 눈물이 쏟아졌다. 재빨리 교무실을 나왔지만 울음이 멈추지 않았다. 복도 한구석에 숨어서 쪼그리고 앉아 눈물을 그치려 애쓰는데 4교시 종이 울렸다. 점심시간이라 교실에서 급식하는 아이들을 지도해야 하는데 도무지 울음을 멈출 수 없었다.

당장 학교 밖으로 뛰쳐나가고만 싶었다. 5층 창문 밖으로 뛰어내리고 싶다는 마음이 들 때, 마침 친구에게서 전화가 왔다. 우느라 말도 제대로 못 하는 내게 친구가 말했다.

"그냥 나와! 일단 학교에서 나와!"

하지만 나는 꾸역꾸역 교무실로 향했다. 결국 울고 있는 나 대신 학년부장이 급식을 위해 교실로 향했다. 눈물은 쉽게 멈추지 않았다. 그날 퇴근길에 나는 친구의 충고대로 정형외과에서 디스크로 3주 진단서를 발급받았다.

다음 날, 병가를 내고 출근하지 않았다. 집에서 울고만 있었다. 교장, 교감, 교무부장이 번갈아 가며 전화를 했다. 담임이 무책임하게 병가를 쓰느냐고, 시간강사는 구하기도 힘들다고, 쉬려면 1년 진단서를 발급받아 오라고……. 허리가 아프면 앉아서 수업하면 되니 일단 내일부터는 학교에 나오라는 설득과 권유와 협박이 계속됐다. 하루 종일 걸려 오는 전화를 받느라 무슨 생각을 할 여유도 없었다. 학교에 가느니 차라리 14층에서 뛰어내리고 싶었다.

그때 가장 친한 친구에게서 전화가 왔다. 우울증이 발병했을 때부터 정신과 치료를 강력히 권한 친구였다. 하지만 정신과 치료에 대한 편견이 2년 동안이나 친구의 권유를 무시하게 했다. 친구가 시간이 날 때마다 정신과 치료를 권유할 만큼 우울증이 심각해졌는데도 나는 계속 정신과 치료를 회피했다. 그렇게 시간이 흐르면서 내 우울증은 점점 심각해졌다.

"내가 진작 몇 번이나 말했잖아. 정신과 병원 가라니까! 아파서 가는 건데 남들이 어떻게 보든 무슨 상관이야? 막말로 뛰어내리는 것보다는 그게 낫잖아."

친구는 울먹이는 내게 소리를 지르고는 차분하게 다독였다.

"이대로 사표 쓸 수는 없잖아. 정형외과에서 발급받은 건 겨우 3주 진단서인데, 우울증이 3주 만에 치료가 되겠어? 이참에 너도 좀 푹 쉬어. 쉬면 우울증도 나아질 거야."

나는 아무 생각이 없었다. 그저 눈물만 났다. 어떻게 해야겠다, 무엇을 해야겠다는 계획도 대책도 없었다. 어떤 판단 능력도 없었다. 그래서 결국 친구의 권유대로 가장 가까운 정신과 병원을 검색해 방문했다.

그렇게 나의 첫 정신과 진료는 느닷없이 이루어졌다.

내가 처음 만난 정신과 의사 앞에서 무슨 말을 했는지는 기억나지 않는다. 그저 아주 많이 울었다는 것만 기억날 뿐이다. 진단명은 예상대로 중증도의 우울증이었다. 아니, 예상보다 내 상황은 더 심각했다. 심리검사 후 의사는 "1년간의 안정가료를 요한다"는 진단서를 발급해주었고, 정신병원에 입원할 것을 권유했다. 매일 진료를 받는 한이 있어도 입원만은 피하고 싶다는 나의 바람에 다행히 입원을 강요하지는 않았다. 하지만 반드시 휴직하라는 권고를 받았다. 차마 학교에 진단서를 내러 갈 용기가 없어 친구가 대신 서류를 제출하러 갈 만큼 내 상태는 최악이었다.

진단서를 발급받기 전 심리검사를 했다. 검사 종류는 다양했다. 혼자서 설문지에 심리 상태를 체크하는 검사만 2시간이 걸렸다. 그러고 나서 상담사가 5시간 동안 진행하는 검사를 받았다. 상담사가 간단히 현재 심리 상태를 묻는데 울음이 터져 나왔다. 5시간 내내 눈물이 그치지 않았다. 하도 울어서 검사가 제대로 진행되지 않을 정도였다.

그때까지 가장 친한 친구 외에는 아무도 내 상태가 어떤지 몰랐다. 지인들은 내가 우울증이라는 것을 믿지 않았다. 1년이나 되는 진단서를 발급받을 만큼 심각한 우울증인데 전혀 티가 나지 않는다는 게 그 이유였다.

"혹시 우울하다, 죽고 싶다, 뭐 그런 부정적인 항목에만 체크한 거 아냐? 진단서 발급받아 휴직하려고?"

대부분 그렇게 물었다. 하지만 아니었다. 게다가 심리검사는 조작이 가능할 정도로 허술하지 않았다. 물론 설문지에는 '부정적인 생각이 든다', '체중이 갑자기 늘었다' 등 간단한 문항도 있었지만 그런 문항은 일부에 불과했다.

검사는 도대체 이게 우울증과 무슨 연관이 있는지 알 수 없는 것들로 구성돼 있었다. 예를 들어 복잡한 그림을 보여주고 무엇처럼 보이냐고 묻거나 그림을 그려보게 했다. 인상 깊은 검사는 아이큐 테스트와 비슷한 문항들이었다. 일정 시간 안에 특정한 문장을 들려주고 계산하게 하거나, 도형을 주고 퍼즐을 맞춰 같은 도형을 만들게 하기도 했다.

일부러 틀릴 수도 있지 않느냐고? 사실 나는 아예 그런 생각조차 하지 못했다. 당시 심리상태가 너무 나빠서 내가 무엇을 하고 있는지조차 제대로 인지하지 못했던 것 같다. 게다가 나는 워낙 자존심이 강해서 문제를 틀리거나 시간 안에 대답하지 못하는 것을 용납할 수 없었다.

심각한 우울증은 인지능력을 저하시킨다. 그래서인지 나는 몇 번이나 문제 풀이에 집중하지 못했다. 당황해서 어쩔 줄 몰라 하는 날 두고 상담사는 냉정하게 다음 문제를 진행했다. 억울하고 분해서 계속 눈물이 흘렀다. 나는 어릴 때부터 머리 좋다는 이야기를 많이 듣고 자랐다. 어린 시절 실시한 아이큐 테스트에서는 최상위권 점수가 나왔다. 그런 내가 이따위 단순한 문제도 못 풀다니, 견딜 수 없었다. 나 자신의 초라한 모습을 직면한 순간이었다.

사실 검사를 받는 순간까지도 나는 정신과 치료에 대해 회의적이었다. 일단 친구의 권유로 심리검사를 받으러 가긴 했지만, 정기적으로 치료받는 건 또 다른 문제였다. 그런데 검사를 받으며 나의 우울증을 인정하고 치료 결심을 굳히게 되었다.

"남자와 여자를 그려보세요. 단, 졸라맨처럼 그리는 건 안 돼요."

검사를 진행하는 상담사의 요구에 나는 펜을 들고 안절부절못했다. 그러고는 울음을 터뜨렸다. 그릴 수가 없었다. 도대체 왜 그릴 수 없었는지 지금도 모르겠다. 그저 그릴 수가 없다고 엉엉 울었다. 그릴 수 없는 내가 비참하면서도 어이없어서, 그릴 수 없는 상황 자체에 너무 놀라서 울기만 했다. 결국 상담사는 그 문제를 그냥 넘어갔다. 5시간이 걸린 정밀검사는 그렇게 초라하고 비참한 나의 모습과 정면으로 마주하게 만들며 끝났다.

그러니까 내가 정신과 치료를 계속하기로 결심한 것은 기분이 우울해서가 아니라 심각한 인지능력의 저하 때문이었다. 우울증이 심각해지면 환청과 망상이 동반되는 가성치매까지 걸릴 수 있다. 누구나 그렇듯이 나도 치매가 두려웠다. 더 이상 병을 악화시킬 수는 없었다. 그렇게 정신과 진료를 시작했다.

결론적으로, 정신과 검사를 조작하기는 매우 어렵다고 말하고 싶다. 만약 정신과 검사를 조작할 수 있다면 군대 면제를 위해 진작 악용되었을 것이다. 군대에 가기 싫어 이를 뽑고, 살을 빼고, 별별 짓까지 하는 사람들인데 정신과 검사만으로 군대 면제를 받을 수 있다면 조작하고도 남지 않겠는가?

우울증 검사를 신뢰하지 않는 태도는 곧바로 우울증이라는 질병을 신뢰하지 않는 태도로 이어진다.

"밝고 명랑한 생각을 해봐."

"운동을 열심히 해봐."

"사람들을 자주 만나."

사람들은 우울증 극복을 위해 다양한 방법을 제시하며 잔소리한다. 그들의 생각 밑바탕에는 이런 가정이 깔려 있다.

'정신력 문제지. 마음을 어떻게 먹느냐에 따라 달라지는 거야. 다 복에 겨워서 우울증이니 뭐니 그러는 거지.'

자살한 새내기 교사의 기사에도 편견 어린 댓글이 달려 있었다.

> 학부모 민원이나 학생의 반항이 심해 봤자지. 어떤 직업이든 어려움이 있는 건데, 결국 교사가 적성에 안 맞아 자살한 거잖아. 그리고 그 정도 견뎌낼 정신력도 없으면 뭘 해도 마찬가지야. 우울증 있는 교사면 아이들에게도 악영향을 미칠 거야.

그들에게 말해주고 싶다. 우울증은 엄연한 질병이다. 아무리 마음을 다잡아도 자기 힘으로는 극복 불가능한 병이다. 암이나 백혈병에 걸렸는데 마음을 굳게 먹는다고 낫겠는가? 우울증도 그런 질병이라 믿어줬으면 좋겠다. 어쩌면 우울증이 암보다 더 위험한 질병일 수 있다. 암 환자는 살고 싶은 의지로 치료하는 경우가 많지만, 우울증 환자는 살고 싶기는커녕 죽고 싶은 의지로 가득하니 말이다.

그러니 혹시라도 주변에 심각한 우울증 진단을 받은 사람이 있다면 의심하지 말고 믿어주길 바란다. 일부러 우울증이 나오게 검사를 조작했느냐는 그 질문조차 우울증 환자에게는 상처가 될 수 있다. 우울증도 다른 질병처럼 진단검사까지 있는 엄연한 질병이다. 단순한 꾀병이나 정신력 문제로 치부하는 사람들이 우울증을 하나의 질병으로 인정하는 날이 빨리 왔으면 좋겠다. 사람들의 편견이 깨지면 숨어 있던 우울증 환자들도 치료할 용기를 낼 수 있을 테니 말이다.

그리고 혹시 이 글을 읽고 있을 우울증 환자에게 말해주고 싶다. 정신과 병원에 처음 발을 내디딜 때까지가 가장 힘든 법이다. 당신이 망설이는 이유가 주변의 시선과 자기 안의 편견 때문이라면 병을 더 악화시키는 것밖에 안 된다.

알고 있지 않은가? 내 마음대로 되지 않는 게 마음이라서 슬프다는 것을. 그러니 조금만 더 용기를 내라.

---

[1] 나이스(NEIS)는 학교 행정업무를 처리하는 인터넷 사이트라고 생각하면 된다.

가면 연극

내 주변의 친구들은 아직도 가끔 내가 우울증이라는 사실을 믿지 못하겠다고 한다. 우울증이라는 것을 인식한 뒤로 나는 더 잘 웃었다. 사소한 일에도 깔깔거리며 의식적으로 웃으려 노력했다. 자존심이 상했다. 정신병에 대한 사람들의 편견이 얼마나 견고한지 알고 있었고, 낯선 타인에게 내 약점을 드러내기 싫었기 때문이다. 그래서 언제나 과장되게 명랑하고 쾌활한 척했다. 그러면 오히려 더 병을 키울 것이라는 생각은 하지 못했다.

어느 날 문득, 죽음을 당연한 선택으로 생각하는 나를 마주하고서야 비로소 깨달았다. 우울증을 치료하지 않으면 더 이상 살 수 없다는 것을. 내 손으로 나를 죽이고 말 것이라는 예감이 뱀처럼 나를 휘감았다. 스르르, 차갑고 매끄러운 비늘이 내 살갗을

스치는 느낌에 소름이 끼쳤다.

그날, 아주 많이, 울었다.

내가 지금 살아 있는 것을 신께 감사할 마음은 아직 없다. 그러니까 내 우울증은 지금도 진행 중이다. 그저 다시 자살 충동에 휘둘리지 않을 정도의 여유를 겨우 되찾았을 뿐이다.

휴직 기간 내내 나는 병원 진료 외에는 거의 집 밖으로 나가지 않았다. 집에 있다고 해서 상태가 급격히 좋아지지는 않았다. 하루 종일 책만 읽었다. 친구들은 우울증 진단을 받고 혼자 있는 나를 염려해 자꾸 약속을 만들려고 애썼다. 몇 번의 거절 끝에 결국 나는 친구에게 불려 나가 웃고 떠들고 놀았다.

헤어질 무렵 친구가 말한다.

"혹시 꾀병 아냐? 멀쩡해 보이는데?"

나는 웃으며 대답하지 않는다. 오해를 풀어주자니 구차하기도 하고 초라하기도 해서다. 하지만 친구의 말이 나에게는 상처다. 친구에게서 돌아서는 순간 나의 표정은 굳어버린다. 친한 친구조차 우울증이라는 사실을 믿지 않는데 누가 믿어주겠는가?

어느 날 여동생이 말했다.

"밖에 나가서 하루 종일 뛰어다녀 봐. 지쳐서라도 잠이 올 거야. 왜 몸에도 안 좋은 수면제를 먹어?"

나는 대충 얼버무렸다. 편견이란 뿌리가 깊어서 파내기 어려운 법이다. 하지만 여동생의 말은 나에게 상처다. 여동생과의 전화를 끊는 순간, 나는 울음을 터뜨렸다. 가족조차 우울증이 의지만으로는 통제할 수 없다는 사실을 믿지 않는데 누가 믿어주겠는가? 우울증 환자들이 병의 고통뿐만 아니라 사회적 편견까지 떠안아야 하는 이 도돌이표는 언제쯤 끝이 날까?

우울증 환자라고 해서 하루 종일 울고만 있는 것은 아니다. 특히 타인과 있을 때는 다른 모습을 보이는 이들이 많다. 내가 바로 그렇다. 나는 절대 타인 앞에서 약점을 노출하고 싶지 않다. 내가 우울증이라는 사실을 드러내 트집잡히고 싶지도 않다. 타인 앞에서 눈물을 흘린다는 것은 자신의 나약함을 드러내는 못난 짓이라 생각했다. 그래서 나는 울고 싶어도 울지 않았다. 아파도 아픈 티를 내지 않았다. 그렇게 나는 자존심 때문에 타인 앞에서 언제나 가면을 쓰고 살았다.

하지만 가면도 틈은 있는 법이다. 나의 우울은 분노, 짜증, 신경질같이 다른 형태로 표출되었다. 그저 피곤해서라고, 사는 게 힘들어서라고 생각하며 변해가는 내 성격을 받아들였다. 만약

우울증 치료를 받지 않았다면 나는 우울이 다른 방식으로 표출되면서 내 삶을 갉아먹고 있다는 사실을 모른 채 살았을 것이다. 우울은 다양한 형태로 표출된다. 그저 눈물만 흘리는 게 우울증 증상은 아니라는 뜻이다.

우울증을 치료하기 시작한 뒤, 나는 의식적으로 자주 웃었다. 그리고 우울증이라는 사실을 친구들에게 커밍아웃한 뒤로는 더 많이 웃었다. 그래서 사람들이 내 우울증을 더 이상하게 생각하는지도 모른다. 내가 꾀병인 것 같다는 사람들의 편견에 스트레스받고, 억지로 웃느라 스트레스받고……. 이래저래 내 투병 생활은 스트레스의 연속이다.

그래도 나는 계속 웃으려 노력할 것이다. 단순히 자존심 때문만이 아니다. 우울이라는 감정은 전염되기 쉽다. 동료나 친구가 우울해서 축 처져 있다면 그 기분은 급속도로 전파되기 마련이다. 내 병 때문에 타인에게 피해를 주고 싶지는 않았다. 우울증의 고통을 남이 겪게 하고 싶지 않았다.

아마 당신 주변의 우울증 환자가 큰 소리로 웃는다면 나와 같은 이유에서일 것이다. 그러니 우울증이 꾀병이라는 오해는 접어두고, 그 사람의 웃음 뒤에 숨은 노력을 보아주었으면 좋겠다.

휴직이 끝난 뒤에도 나는 꾸역꾸역 병원에 다니고 있다. 그제야 친구들은 내 우울증이 심각하다는 것을 받아들였다. 다행히 항우울제 효과 덕분인지 조금씩 나아지고 있다. 언제나 이번 상담이 마지막 상담이 되길 바라지만 그렇게 되지 못할 것을 이미 알고 있다. 완치되지 않는 병과 싸운다는 것이 가끔 나를 무력하게 만들지만, 포기하지는 않을 것이다.

그러니 반복되는 우울증으로 괴로워하는 사람들에게 말해주고 싶다. 여기, 어쩌면 당신이 생각하는 것보다 훨씬 가까운 곳에서 우울증과 싸우는 또 한 사람이 있다고. 당신만 아픈 게 아니라고. 당신이 아픈 것은 손가락질받을 만한 일도, 숨겨야만 하는 부끄러운 일도 아니라고.

그리고 우울증을 한낱 꾀병쯤으로 여기는 사람들에게 말해주고 싶다. 우울증도 질병이라고. 내 마음대로 되지 않는다고. 울고 싶지 않아 울고 싶은 병이 바로 우울증이라고. 바로 옆의 평범한 사람도 우울증에 걸릴 수 있다는 사실을 사람들이 알아주었으면 좋겠다. 우울증은 뇌가 부리는 심술로 생기는 병이지 개인의 의지나 신념, 가치관, 노력과는 무관하다는 사실도 믿어주기를 바란다.

숨은그림찾기

상처 없이 살아갈 수는 없다. 누구나 살면서 어쩔 수 없이 상처받는다. 나는 언제나 상처를 감추고 소설 뒤에 숨었지만, 독자들은 숨은그림찾기를 하듯 내 우울증을 알아챘다. 내 소설 속 주인공은 언제나 버림받은 상처를 지닌다. 세상의 좌절과 절망을 떠안고 허덕이며 살아가는 주인공은 나를 닮았다.

소설 속에서는 내가 하지 못했던 말을 하고, 내가 하지 못했던 행동도 할 수 있었다. 그렇게 소설을 쓰며 나의 상처를 치유한다. 내면의 상처를 치유하는 방법은 다양하다. 누군가는 운동을 하고, 누군가는 노래를 하며, 누군가는 잠을 자면서 상처를 치유하려 노력한다. 아무리 노력해도 상처가 아물지 않는다고 걱정할 필요는 없다.

몸에 생긴 상처는 하루에 1mm씩 아문다. 우리는 산소가 있어야 상처가 아문다고 생각해서 반창고를 붙이지 않는데, 사실 상처는 몸속 산소만으로도 충분히 아문다. 소독하고 연고를 바르는 일은 상처가 덧나지 않게 할 뿐 치유 속도를 획기적으로 빠르게 하지는 못한다. 그러니 그저 상처가 아물 때까지 기다리면 된다. 비록 흉터가 남는다고 해도 언젠가는 아물게 되어 있다.

그것은 육체적 상처에만 해당하는 게 아닌 것 같다. 정신적 상처도 결국 아무는 데 필요한 건 시간이다. 아무리 극복하려고 애써도, 온갖 방법을 쓰며 노력해도 상처가 아무는 데는 일정한 시간이 필요하다. 그러니 너무 안달할 필요 없다.

마찬가지로 상처를 극복하기 위해 다른 곳에서 방법을 찾지 마라. 아이들의 비난으로 입은 마음의 상처는 아이들의 사랑을 느끼는 마음으로 치유된다. 마음에 새살이 돋기를 기다려라. 내면의 상처를 치유하려고 애쓰며 기다리면 아무리 큰 상처도 아물게 되어 있다. 그러니 조금만 인내심을 가지고 기다려라.

정신과 환자들

나는 정신과 상담을 기다리는 대기실에서 다른 환자들을 몰래 관찰하고 혼자 진단을 내리며 시간을 보낸다. 도대체 어떤 사람들이 정신과 치료를 받는지 궁금해서다. 이는 정신과에 대한 도무지 없어지지 않는 편견 때문이기도 하고, 평소 사람들을 관찰하는 버릇 때문이기도 하다. 개인 정신과 병원이다 보니 그리 중한 환자는 없지만 정말 다양한 사람들이 보인다.

성별도 나이도 다양하다. 엄마랑 함께 온 초등학교 저학년 남자아이부터(아마도 ADHD일 것이다), 딸과 함께 온 노부부(그 정도 나이라면 치매 증상이 당연히 있을 것이다), 심지어는 금발머리 청년(아무리 능숙하다 해도 상담이 가능할 정도의 대화 능력은 힘들 테니 단순히 약물을 처방받으려고 방문했을 것이고, 불면증일 가능성이 높다)도 있었다.

그들은 겉으로 보기에는 아무 문제가 없어 보인다. 다른 사람들 틈에 섞여 있다면 절대로 정신과 환자라는 것을 알아챌 수 없을 것이다.

내가 다니는 병원은 언제나 예약이 꽉 차고, 대기실에는 환자가 가득하다. 이렇게나 다양하고 많은 사람이 정신과 치료를 받고 있는데도 정신과에 대한 사람들의 편견은 견고하기만 하다. 그리고 환자들은 그런 편견 때문에 가벼운 신경증이나 정신병을 치료하러 병원에 오길 꺼린다. 나만 해도 몇 년이나 참고 참다가 어쩔 수 없이 병원에 가게 되었을 때는 병세가 심각한 상태까지 진행되어 있었다.

정신과 치료를 받는 사람은 이상한 사람이 아니라 질병으로 고통받는 사람이다. 또한 정신과 치료를 받는 사람은 정신력이 약해서 질병에 걸린 게 아니라 사회의 편견에 맞서 치료를 선택한 강한 정신력을 가진 사람들이다.

정신과 질병을 앓는 사람들을 이상하게만 보고, 정신력이 약해서라고 생각하는 사람들에게 알려주고 싶다. 우리가 천재라고 칭송하는 유명한 사람들도 우울증으로 괴로워했다는 것을.

빈센트 반 고흐, 버지니아 울프, 로맹 가리, 실비아 플라스, 잭

런던, 어니스트 헤밍웨이, 파울 첼란 등 수많은 유명인이 우울증을 극복하지 못하고 자살했다. 〈해리 포터〉의 작가 J. K. 롤링은 젊은 시절 심각한 우울증으로 자살을 생각했다고 고백했다. 만성 우울증으로 고생하던 영국 수상 처칠은 "나는 평생 검은 개 한 마리와 함께 살아왔다"고 말하며 우울증을 고백했다. 처칠은 노벨문학상 수상자답게 자신의 우울증을 '검은 개(Black dog)'라는 은유를 써서 표현했다. 부유하고 명망 높은 집안에서 태어나 위대한 정치가이자 문학가가 되었고 많은 이의 사랑을 받았지만, 처칠도 끝내 우울증은 극복하지 못했다.

특히 글 쓰는 사람들의 자살률은 심각한 편이다. 오죽하면 레드 스미스(Red Smith)는 이렇게 말했다.

> "작가가 되기란 쉽다. 타이프라이터 앞에 앉아 있다가 칼로 손목을 그으면 된다."

글쓰기를 비롯해 예술을 하는 사람들은 모든 과정을 혼자 감내해야 하기 때문에 더 부담감이 클지도 모르겠다. 게다가 예술가들은 불행히도 생전에 인정받는 경우가 흔치 않으니 좌절과 절망을 느끼기에 딱 좋은 조건이다. 끊임없이 자신의 재능을 의심하면서도 예술에 미쳐 벗어날 수 없으니 무력감도 느낄 것이다.

심리학자이자 정신분석가 앤서니 스토(Anthony Storr)는 "우울증 환자는 자신의 우울증을 감추기 위해 외적 성취에 더 집착하는 성향이 있다"고 했다. 그래서 유달리 유명인 중에 우울증 환자가 많고 자살률이 높은지도 모른다.

어쨌든 정신병을 앓는 사람은 이상하거나 괴상해서 다른 면에서도 부진할 것이라는 오해는 사절이다. 많은 위대한 예술가가 그 오해가 거짓임을 증명한다. 또한 정신병을 앓는 사람은 정신력이 약하다는 편견도 거부한다. 위인으로 추앙받는 수많은 사람이 우울증을 앓으면서도 강한 정신력으로 각자의 분야에서 뛰어난 성취를 거두었다.

그러니 정신과 환자들이 모두 비 오는 날 머리에 꽃 꽂고 밖에 나가서 춤추는 비이성적 행동을 하지는 않는다는 것을 알아주었으면 좋겠다. 정신과 치료를 받는 사람들은 대부분 지극히 이성적이다. 자신의 상태에 대해 합리적·이성적으로 판단해 치료를 선택한 사람들이기 때문이다. 오히려 정신병이 있는데도 인정하지 않고 치료받지 않는 사람들이 문제다. 사회에서 문제를 일으키는 사람들은 바로 그렇게 치료를 거부하는 사람들이다.

어느 정신과 의사가 말했다. 진짜 정신과에 와서 치료받아야 할 사람들은 정신과에 오지 않고, 그 사람들에게 상처 입은 사람들만 정신과에 온다고.

가끔 정신과 질병에 대한 사람들의 편견과 마주할 때면 무력감을 느낀다. 아니, 솔직해지자. 내 마음속 깊은 곳에 자리 잡은 편견도 완전히 없애지 못한 주제에 타인을 탓하고 싶지는 않다. 하지만 내가 노력하듯 다른 사람들도 편견을 없애려 노력해주었으면 좋겠다. 정신과 질병에 대한 편견은 정신과 환자들이 자신의 병을 인정하지 않고 치료를 거부하게 만드는 원인이기도 하다.

최근 정신과 환자들의 범죄가 많이 보도되고 있다. 무슨 범죄 사건만 일어나면 용의자는 우울증을 주장한다. 물론 심신미약으로 감형을 받으려는 목적일 수도 있다. 하지만 그들이 대부분 치료받지 않은 상태였다는 점에 주목할 필요가 있다. 정신과 치료를 받지 않은 이유는 다양하겠지만, 아마도 정신과 치료에 대한 편견 때문에 자신의 병을 인정하지 않고 치료받지 않은 경우가 많을 것이다. 그런데도 사람들은 정신과 치료를 받는 환자들을 잠재적 범죄자로 취급하곤 한다. 하지만 정신과 치료를 지속적으로 받는 환자들은 오히려 범죄 성향이 줄어든다.

정신과 환자에 대한 편견을 없애는 일이 그래서 더 중요하다.

비록 정신과 치료를 받고 있지만 환자들은 대부분 정상적인 생활을 하고 있으며, 당신과 마찬가지로 이성적이고 합리적인 판단을 할 수 있는 사람이라는 것을 인정해주었으면 좋겠다. 자신의 정신병을 인정하지 않고 치료를 거부하는 사람들보다 훨씬 용기 있고 결단력 있는 사람이 바로 정신과 환자들이다.

내가 그랬던 것처럼 정신과 치료에 대해 편견을 가진 사람들이 정신과 환자들을 따뜻한 시선으로 볼 수 있었으면 좋겠다. 그래서 정신과 치료가 필요한 사람들이 망설이지 않고 치료를 선택할 수 있기를 바란다.

알코올중독

언젠가부터 일상이 견딜 수 없어 술을 마시기 시작했다. 술에 취할수록 인생의 무게가 가벼워졌다. 나 자신을 벼리기라도 할 것처럼 날카롭게 곤두섰던 신경은 서서히 뭉개지고, 사소한 자극에도 피를 토할 것처럼 예민했던 감각은 서서히 둔해졌다. 정신이 몽롱해지면 현재의 슬픔과 좌절의 기억도 함께 날아갔다. 술에 취하면 그렇게 삶을 견딜 수 있었다. 그래서 술을 마셨다.

상사의 부당하고 비합리적인 갑질도 견딜 수 있었고, 어이없게 은근슬쩍 자기 일을 떠넘기는 동료의 비열함도 견딜 수 있었다. 자기 자녀의 입시를 위해서라면 무엇이든 감수해야 진정한 담임이 아니냐며 불법 행위를 강요하는 학부모도 견딜 수 있었고, 성적 스트레스로 인해 엉뚱하게 나한테 화풀이해대는 고3

학생들도 견딜 수 있었다.

그렇다. 나는 견디기만 했다.

지금에 와서야 그것이 잘못이라는 것을 깨달았다. 나는 자신을 지키기 위해 싸워야 했다. 저항하고 투쟁해야 했다. 하지만 나는 비겁하게 모든 것을 회피하기만 했다. 그저 조용히 시간이 흘러가기만을 기다렸다.

나는 말을 잘 못 한다. 우스울지도 모르겠다. 책을 몇 권이나 출판한 작가가 말을 못 한다니……. 하지만 사실이다. 누군가와 언쟁을 벌일 때면 나는 뻣뻣하게 굳은 채 따지고 드는 상대방에게 어버버버, 한마디 대꾸도 못 하고 끝나버린다. 하고 싶은 말은 너무 많은데 이상하게도 목구멍에 걸려서 밖으로 나오지 않는다. 그저 상대방이 다다다다, 쏟아낼 동안 입만 벙긋거린다. 분명히 상대방이 잘못한 일인데도 다툼이 생기면 덜덜 떨면서 듣고만 있다가 오히려 상대방의 실수를 뒤집어쓰는 일이 비일비재했다.

이상하게도 내게 갑질을 하고, 부당한 요구를 하고, 실수를 뒤집어씌우고, 엉뚱한 화풀이를 해대는 사람들은 말발이 셌다. 한번 입을 열면 청산유수다. 그런 사람들과 언성을 높여 봤자 끝은 뻔했다. 억울하게도 모든 게 내 잘못이 되어 내가 사과해야만 했다.

어차피 질 싸움은 하고 싶지 않았기에 나는 항상 참기만 했다. 그리고 퇴근할 때면 집에 술을 사 들고 왔다.

혼자서 술 한 잔을 들이켜고는 중얼거린다.

"교감선생님! 원칙을 어기고 교사수급을 교감선생님 마음대로 했다는 사실, 교육청에 신고할까요?"

킥, 혼잣말을 안주 삼아 한 잔 더 들이켠다.

"어머님, 활동도 하지 않았는데 어머님이 대학교수라는 이유로 이렇게 대학교에서 연구 활동을 한 것으로 생활기록부에 기재하는 건 불법입니다."

풋, 하지 못했던 말들이 텅 빈 방 안에 울려 퍼진다.

그렇게 한참을 쏟아내고 나면 술 한 병이 빈다. 그러면 다음 술병을 딴다.

"바보! 멍청이! 언제까지 이렇게 당하고 살 거야?"

이제 나 자신을 원망할 시간이다.

"결국 내가 문제잖아. 내가 만만해 보이니까 갑질을 하는 거고, 당하고만 있으니까 갑질이 더 심해지는 거잖아."

나 자신을 원망할 때마다 억울해서 눈물이 난다. 왜 나에게만 이런 일들이 닥치는지 이해할 수 없고, 이해할 수 없으니 답답하다. 꽉 막힌 것처럼 답답한 가슴을 친다. 가슴을 치면서 운다. 불쌍한 나 자신을 원망하며 그렇게 술에 취하면 엉엉 울음소리가 점점 커진다. 그렇게 또 술 한 병을 비우고는 비명 같은 울음을 쏟아낸 뒤 지쳐 널브러져 눕는다. 너무 많이 울어 목이 마르다. 하지만 술에 취해 몸을 가눌 수 없다. 서서히 정신이 희미해진다.

나의 하루는 날마다 그렇게 끝났다.

나는 그때로 다시 돌아가도 저항하거나 반항할 자신이 없었다. 그런 내가 원망스러워 또 술을 마셨다. 그렇게 시간이 흘렀다. 하루도 술 없이는 잠들지 못했다. 아니, 거기에다 약국에서 판매하는 수면유도제를 열 알이나 삼키고 나서야 겨우 한두 시간 눈을 붙일 수 있었다.

친구들과 가족들이 걱정할 만큼 갈수록 술이 늘었다. 처음에는 맥주로 시작했지만, 술에 익숙해지면서 소주로 바뀌었다. 알코올 도수는 내 우울증과 함께 자라나기만 했다. 인터넷에서 떠도는 알코올중독 검사를 해보면 검사 점수는 언제나 최고점이었다. 가장 친한 친구는 이러다 알코올중독으로 입원하게 되는 거 아니냐고 걱정했다.

무서웠다. 나도 술을 끊어보려고 했다. 아니, 솔직히 말해 술을 줄여보려고 했다. 하지만 도저히 불가능했다. 어중간하게 취하면 불면증이 더 심해졌고, 아예 마시지 않으면 도무지 견딜 수가 없었다. 둔해지는 감각이 주는 여유와 평온이 미친 듯 고팠다. 아예 술을 사다 놓지 말아야겠다고 결심한 적도 있었다. 하지만 새벽 4시까지 뒤척이다가 기어이 편의점에서 술을 사가지고 와서 마시고는 겨우 잠이 들었다.

우울증과 알코올중독은 거의 불가분의 관계라고 한다. 우울증 환자의 30%가 알코올중독이고, 알코올중독 환자의 30%가 우울증이라고 한다. 내가 그랬듯 우울증 환자는 알코올중독이 되는 경우가 많다. 하지만 나는 당시 알코올중독은 걱정하면서도 우울증은 그리 걱정하지 않았다. 나는 이성을 잃게 되는 것이 가장 무서웠고, 알코올중독은 이성을 잃을 수 있는 질병이기에 두려웠다.

매일 아침 쓰리다 못해 아프기까지 한 속을 부여잡고 결심했다. 오늘은 절대로 술을 마시지 말아야지. 하지만 아침의 결심은 저녁까지 가지 못했다. 매일 억울한 일이, 화나는 일이, 슬픈 일이 생겼다. 어쩌면 술을 마시기 위한 변명이라고 생각하겠지만 당시의 나는 심각했다. 우울증으로 예민해진 신경은 작은 일에도 최고치의 슬픔, 분노, 짜증 등 부정적 감정을 끌어냈다.

이상한 일이다. 우울증을 커밍아웃하는 것보다 알코올중독을 커밍아웃하는 게 더 부끄럽다. 우울증은 내 잘못으로 생긴 것이 아니지만, 알코올중독은 나의 잘못도 있으니까. 술에 관대하고 술로 스트레스 푸는 것을 당연시하는 문화라 해도 나의 부끄러움은 줄어들지 않는다. 결국 나 자신을 나락으로 밀어넣은 것은 나였으니까.

정신과 치료를 시작할 때, 의사는 알코올과 반응하면 부작용이 올 수 있는 약물이 많으니 술을 줄이라고 당부했다. 도저히 견딜 수 없을 땐 아주 조금만 마시라고 당부했다. 솔직히 자신이 없었다. 거짓말을 하기 싫어하는 나는 대답하지 않았다. 의사도 별로 큰 기대는 하지 않는 것 같았다. 술을 마신 뒤에는 수면제인 졸피뎀을 먹지 말라고 다시 한번 주의를 주었을 뿐이다.

처음에는 의사의 충고를 대수롭지 않게 여기며 술도 마셨다. 그런데 항우울제가 너무 독했다. 하루 종일 멍했다. 그러니 둔한 감각이 그리워 술을 찾지 않아도 됐다. 수면제는 다행히도 제 몫을 했다. 수면제를 복용하고 1시간 정도만 견디면 스르르 잠이 들었다. 그러니 잠들기 위해 술을 마실 필요가 없었다. 그렇게 나는 서서히 술을 줄여나갈 수 있었다. 물론 그 와중에도 완전히 취해 나가떨어질 정도로 술을 마신 적도 꽤 있었다.

하지만 하루가 이틀이 되고 이틀이 사흘이 되면서 술을 마시지 않는 날이 늘어갔다. 우울증이 나아가면서 나는 알코올중독에서 가뿐히 벗어났다. 우스운 일이다. 예전에는 술이 없으면 하루를 마무리하지 못했는데, 지금은 술을 생각하면 속쓰림의 고통만 떠오른다. 그제야 우울증 때문에 알코올중독이 생겼다는 것을 깨달았다.

가끔 텔레비전 드라마나 영화에서 일상의 스트레스를 맥주 한 잔으로 푸는 장면을 보면, 나는 한숨을 내쉰다. 처음에는 스트레스가 풀리는 것처럼 느껴질 수도 있다. 하지만 한 잔이 두 잔이 되고, 결국 알코올중독 증상까지 겪은 나로서는 찬성할 수 없는 방법이다. 차라리 누군가를 붙잡고 울라고 말해주고 싶다.

이미 알코올중독에 빠졌다면 정신과 치료를 권한다. 알코올중독은 결코 의지만으로 고칠 수 없다. 당신의 의지보다는 오히려 단 몇 알의 약이 효율적이다. 혼자 힘겨워하지 마라. 그리고 내 충고를 들어주길 바란다.

나는 우울증 치료를 시작한 뒤, 술 없이 잘 견디고 있다. 아니, 견디고 있다는 표현은 틀렸다. 나는 지금 전혀 술이 그립지 않다. 그리고 그런 내가 자랑스럽다.

기억을 잃다

우울증 증상은 단순한 우울감만이 아니다. 내가 가장 두려워하는 우울증 증상은 자살 충동으로 인한 자살시도가 성공해서 죽는 것이 아니다. 우울증이 심각해지면 뇌가 손상되고, 인지능력 저하로 치매에 걸린다. 어쩌면 인지능력 저하는 인간의 본능일 수도 있다. 상처받아 고통스러운 기억마저 지우고 싶은, 마음속 깊이 숨겨진 본능 말이다. 기억상실을 일으켜서라도 살고 싶은 생존본능이 인지능력 저하를 일으키는 것 같다. 그렇게 우리의 마음은 살고 싶어서 기억을 지우고 눈물을 흘리는지도 모르겠다.

우울증 치료를 받기 전까지는 인지능력 저하를 단순히 나이가 들어 생기는 건망증의 일종으로 생각했다. 처음에는 인터넷사이트 비밀번호를 잊어버린다거나 휴대폰을 잃어버리는 등 단순한 것들을 잊어버렸다. 그저 누구나 할 수 있는 단순한 실수라고 생각했지만, 건망증 증상은 점점 심각해졌다.

밤 11시, 여느 때처럼 늦게 퇴근한 날이었다. 고3 담임이었고, 수시 원서접수가 얼마 남지 않은 시점이었다. 한 달 내내 아침 6시에 일어나 출근하고 밤 11시에 퇴근했다. 그날은 금요일이어서 피로가 쌓여 운전조차 힘들었다. '빨리 집에 가서 드러누워야지' 하는 생각밖에 없었다. 그리고 아파트 공동현관 앞에 서서 비밀번호 패드를 마주한 순간, 나는 황당하고 어이없어 주저앉았다. 기억나지 않았다. 10년을 살아온 아파트였고, 단 한 번도 바뀐 적 없는 공동현관 비밀번호가 기억나지 않았다. 다행히 10분쯤 뒤 음식물 쓰레기를 버리러 나온 주민이 있어 공동현관을 통과할 수 있었다. 아파트 문은 열쇠로 열었다.

그저 스트레스가 쌓여 순간적으로 한 실수라고 여겼다. 심각하게 생각지 않았다. 내 건망증보다 심각한 일들이 학교에는 산더미처럼 쌓여 있었다. 한 인간의 미래를 결정지을 수 있는 대입 수시모집을 앞두고 나는 완전히 초긴장 상태였다. 그날 나는 여느 때처럼 맥주와 수면유도제를 집어삼키고 잠들었다. 그리고 그날의 일을 잊어버렸다.

그 뒤로도 상황의 심각성을 알리는 일은 종종 발생했다. 자동차를 주차하고 나서 D에 기어를 놓은 채 자동차에서 내린다거나(다행히 주위에 사람이 없어 큰 사고로 번지지는 않았다), 몇 년간 알고 지냈던 선생님의 이름이 갑자기 생각나지 않는 일이 벌어졌다. 단순한 건망증이라기엔 심각한 일도 많았지만 나는 그저 무심히 넘겼다. 현재를 견디는 것만으로도 버거워서 미래를 위해 뭔가를 해야 한다는 생각 따위는 하지 못했다. 그렇게 내 우울증은 더 심각해졌다.

마침내 우리 반 학생의 이름과 얼굴을 기억하지 못하는 순간이 닥치고 말았다.

아침 조회 시간, 9시가 넘어서 뒷문을 열고 들어온 학생을 노려보며 나는 소리를 질렀다.

"아직 조회 중인데 막 들어오면 어떡해?"

지각한 우리 반 아이였다. 하지만 나는 그 아이의 이름은 물론 얼굴도 낯설었다.

"저, 이 반 학생인데요."

지각한 아이는 황당한 듯 조금 신경질적인 반응을 보였다.

나는 그 순간을 무마했지만, 그때부터 가슴이 벌렁거렸다. 나 자신에게 놀라서였다.

그제야 사태의 심각성을 인지했다. 하지만 그것이 우울증 증상일 거라고는 생각지 못했다. 잠을 많이 자고 휴식을 취하면 나아질 거라고 나 자신을 위로했다. 하지만 증상은 점점 더 심각해지기만 했다.

우울증 치료를 해도 한번 손상된 뇌는 회복되기 힘들고 인지능력은 쉽게 나아지지 않는다. 나도 마찬가지다. 예전처럼 쉽게 이해하고, 빨리 결정하고, 오래 기억하지 못한다. 물론 노화로 인한 자연적인 인지능력 감소일 수도 있다. 그래도 크게 위로가 되지는 않는다. 어쨌든 내가 병원에 좀 더 일찍 갔다면 인지능력 저하를 조금이라도 막지 않았을까 하는 아쉬움만 남는다.

강박증

"강박증 맞아요."

정신과 의사는 단호하게 잘라 말했다.

"아니에요. 아니라고요."

나는 억울해서 반박했다.

"다른 사람들은 가스 불을 껐는지, 창문을 닫았는지, 현관문을 닫고 나왔는지 수많은 일을 몇 번이나 점검하고도 불안해하지는 않아요. 강박증 맞습니다."

"다른 사람들도 다 그런다니까요. 제 주위 교사들은 다 그래요. 여러 번 점검하고 확인하는 건 꼼꼼한 거예요. 강박증이 아니라고요."

맞아요, 아니에요…….

몇 번의 실랑이 끝에 의사는 포기한 듯했다.

지금 생각해보면 우습다. 어쩌면 그렇게 당당하게 의사의 진단을 무시했을까? 아마도 우울증과 불면증에 또 다른 정신병까지 더하고 싶지는 않았던 것 같다. 병명이 많아지면 드라마나 영화에서 보던 것처럼 비 오는 날 머리에 꽃 꽂고 나가서 춤출 정도로 미쳐가고 있는 건 아닐까 걱정돼 견디기 힘들었다.

의사의 처방대로 약을 먹고 난 뒤, 요즘에서야 나는 깨닫는다. 나는 강박증이 맞았다. 강박증이 없어진 삶이 얼마나 평화롭고 편안한지 이제야 실감한다.

예전에는 늘 불안감에 시달렸다. 가스, 전기, 창문을 적어도 다섯 번 이상 점검하고 나서야 집을 나섰다. 그리고 현관문이 잠겼는지 몇 번이나 열어보고 나서야 엘리베이터를 탔다. 그렇게 철저히 점검하고 나갔는데도 불안해서 다시 엘리베이터를 타고 올라와 현관문을 열고 가스, 전기, 창문을 다시 점검하고는 했다. 가끔은 출근해서도 걱정돼 견딜 수 없을 정도였다. 그런 날은 퇴근 시간 5분 전부터 초조하게 집에 갈 준비를 했다.

어쩌다 여행이라도 가게 되면 난리 법석을 떨었다. 여행 내내 걱정이었다.

"창문 열어두고 온 것 같아. 장마에 집 안이 다 젖으면 어떡하지?"

여행 내내 하루에도 몇 번씩 우리나라 날씨를 확인하며 전전긍긍했다.

"에어컨 안 끄고 온 것 같아."

여행 내내 하루에도 몇 번씩 그렇게 말하며 한숨을 내쉬었다.

내 절친한 친구는 고개를 설레설레 저었다.

"끄고 왔을 거야."

그래도 나는 안심이 되지 않았다.

나는 여행을 갈 때마다 매번 보일러를 안 끄고 왔다, 가스 밸브를 열어놓은 것 같다, 창문을 열어놓은 것 같다 등 꼭 한 가지 걱정거리를 안고 여행 내내 편히 즐기지 못했다. 그러니 함께 간 친구도 내 불안감과 초조함에 여행을 맘껏 즐기지 못했을 것이다.

우스운 건 단 한 번도 내 불안이 맞아떨어진 적이 없었다는 것이다. 여행 내내 걱정했던 게 무색하게 에어컨이 과열되어 불이 나지도 않았고, 추위로 인해 보일러 가스 밸브가 얼어붙지도 않았으며, 집은 고요하고 평화롭게 날 반겼다.

"선생님은 정말 완벽주의자이신 것 같아요."

어쩌다 동료 교사들이 그런 말을 하면 비꼬는 것인지 칭찬인지 몰라 당황하곤 했다. 꽤 많은 사람이 그런 말을 했는데, 나는 그때마다 고개를 설레설레 저으며 아니라고, 실은 덜렁거리는 성격이라고 말하곤 했다. 아마 나의 강박 증세가 그들에게는 완벽주의를 추구하는 것으로 보였던 모양이다. 나는 생활기록부에 오타가 있는지, 시험문제에 오류가 있는지, 내가 하는 일이 제대로 되었는지 열 번이고 스무 번이고 점검했다. 그게 다른 사람들에게는 완벽주의를 추구하는 것으로 보였을 것이다.

나는 덜렁거리는 편이다. 후다닥 일을 해치우기 때문에 실수도 많다. 그런데 내 부주의로 일어난 실수는 정말 싫다. 자존심이 상한다. 그래서 더 반복해서 점검하는 데 집착한다. 어쩌다 실수라도 발견하면 '그래, 다시 한번 살펴보길 잘했어' 하고 기특하게 여겼다. 한마디로 강박 증세를 병이라 생각지 않고, 내 성격상 단점을 보완하는 좋은 습관이라고 여겼다. 그리고 남들도 다 그렇게 산다고 생각했다.

하지만 아니었다. 지금은 강박증이 많이 나아져서 집 안을 두 번 정도 훑어보고 출근한다. 그래서 출근 시간이 많이 단축되었다. 출근해서 집 안을 제대로 확인하지 않고 왔다고 초조해하거나 불안해하지 않는다. 강박증에서 좀 자유로워지고 나서야 예전의 내 삶이 얼마나 피곤하고 힘들었는지 깨달았다.

세상에! 집 밖으로 나서기 전 몇 번씩이나 집 안 곳곳을 살피는 일이 얼마나 사람을 지치게 하는지 정말 모르고 있었다. 지금 나는 다른 세상에 사는 듯하다. 그래서 주변 사람들에게 강박 증세가 있다는 것을 알게 되면 적극적으로 치료를 권한다. 교사인 친구들은 대부분 강박 증세를 보인다. 매번 틀린 것을 잡아내는 일을 하다 보니 직업상 어쩔 수 없는 것 같다.

그런 친구들에게는 이렇게 말해준다.

"치료를 받으면 세상이 달라질 거야."

하지만 내 설득에 정신과 치료를 결심하는 친구는 없다. 다들 정신과 치료라면 고개를 젓는다. 정신과에 대한 편견 때문이다. 그럴 때면 힘이 빠진다. 조금 더 행복해질 수 있는데 그 방법을 거부하는 이들에게 안타까움도 느낀다.

혹시 이 글을 읽는 사람들 중에 예전의 나 같은 증세를 보이는 사람이 있다면 꼭 치료받으라고 권하고 싶다. 약한 강박증은 간단한 약물 치료만 받아도 낫는다. 그리고 그다음에는 삶이 훨씬 더 단순하고 평화로워진다.

공황장애

나는 어렸을 때부터 호흡기가 약한 편이었다. 잔기침도 많이 했고, 겨울이면 감기를 달고 살았다. 사레들리는 일도 잦아서 발작처럼 기침이 터져 나오면 단순히 사레들린 줄만 알았다. 그저 '나이가 드니 사레도 자주 들리네' 생각했다.

정신과 상담을 하면서 나 자신에 대한 관찰일기를 쓰기 시작했다. 그러던 중 심하게 사레가 들려 토하기까지 했던 날, 뭔가 이상하다는 것을 느꼈다. 사레들리기 직전 기도가 좁아지는 듯 하면서 숨쉬기가 힘들었다는 것을 기억해낸 것이다. 순간, 발작적으로 터져 나올 기침을 예상하면서 시야가 좁아지고 어지러웠다. 기침이 너무 심하게 나서 얼굴은 벌게지고 숨을 쉬기 위해

헐떡이면서도 기침이 터져 나오는 그 순간의 고통을 예상하며 공포가 커져만 갔다.

분명 나는 그때 공포에 짓눌려 숨을 쉬지 못했다. 침을 잘못 삼켜 기도로 들어가면서 사레들린 게 아니었다. 그것은 공황장애였다. 의사와 상담을 하면서 나는 비로소 그 증상이 공황장애라는 것을 알았다.

공황장애는 뚜렷한 이유도 없이 갑자기 극도의 두려움과 불안을 느끼는 불안장애의 일종이다. 심한 불안, 가슴 뜀, 호흡곤란, 흉통이나 가슴 답답함, 어지러움, 파멸감, 죽음의 공포 등 증상도 다양하다. (서울아산병원)

갑자기 닥쳐오는 순간의 공포는 언제나 예상할 수 없다. 그저, 문득, 잊어버릴 만하면 발작적으로 기침이 터져 나온다. 어찌나 심하게 기침 발작을 해대는지 먹은 것을 다 토해내고 신물이 넘어올 때까지 기침이 끝나지 않는다. 한참 기침 발작을 하다 지쳐 쓰러질 즈음에야 발작이 멎는다. 하지만 언제 어느 순간 닥칠지 모르는 발작에 대한 공포가 또다시 나를 짓누른다.

나의 공황장애 증상에는 심각할 정도의 어지러움증도 있었다. 갑자기 속이 텅 빈 듯 허하면서 세상이 빙글빙글 돌며 어지럽고,

식은땀이 흥건하게 배어 나온다. 처음에는 배가 너무 고파서 그런 줄 알았는데, 그것도 공황장애 증상이었다.

정신과 의사가 공황장애라고 진단했을 때 나는 믿지 못했다. 현대사회 인간들은 누구나 정신병 한두 가지쯤 가지고 있다지만, 어찌 된 게 나는 상담할 때마다 정신병이 하나씩 늘어났다. 의사는 내가 무슨 말만 하면 무슨 질병이라고 진단을 내렸다.

공황장애라고 진단한 의사는 발작이 일어날 때 먹으라고 약을 따로 처방했다. 초기에는 그 진단을 신뢰하지 않았기 때문에 약을 먹지 않았다. 하지만 거의 한 시간 넘게 기침 발작을 하며 변기를 부여잡고 모두 토해낸 뒤, 화장실 바닥에 쓰러져 있자니 약 생각이 났다. 쿨럭쿨럭, 계속되는 기침은 멈출 생각이 없어 보였다. 발작의 기운은 내 몸에서 도저히 사라질 것 같지 않았다. 결국 나는 엉금엉금 기어 나와 의사가 처방해준 공황장애 약을 씹어 삼켰다. 잔기침이 계속돼 물을 삼키는 것조차 힘들었다.

약을 먹고 30분쯤 지나자 영원히 계속될 것만 같은 기침 발작이 멎었다. 하지만 그때까지도 나는 기침이 그냥 멎은 것인지 약을 먹어 나아진 것인지 확신하지 못했다. 그래서 다음 발작 때는 기침이 나려는 순간에 약을 먹었다. 그러자 한번 시작되면 멈출 줄 모르고 하루 종일 나를 괴롭히던 기침이 30여 분 만에 멎었다. 보통 발작 후에는 다시 발작이 일어날까 봐 하루 종일 불안했는데, 약을 먹으니 그런 불안감도 줄어들었다. 결국 의사 말이 맞았다. 그 뒤로는 어지러움증이 심해지거나 기침이 시작될 것 같으면 그 즉시 약을 먹는다.

정신과 의사는 가장 간단하고 쉽게 치료할 수 있는 것이 공황장애라며 나를 안심시켰다. 그리고 공황장애는 초기에 치료하지 않으면 광장공포증이나 우울증 등의 합병증으로 치료가 더욱 어려워지니 약을 꼬박꼬박 복용하라고 설명해주었다. 의사의 예언대로 다행히 공황장애 증상은 쉽게 없어졌다. 몇 달간 치료한 뒤 증상이 없어져 지금은 공황장애 약을 복용하지 않는다.

신체화장애

정신과에서 치료받은 지 2년쯤 되었을 때 진단서를 발급받을 일이 있었다. 진단서에는 의사가 내게 말하지 않았던 질병 한 가지가 추가되어 있었다. 신체화장애였다.

신체화장애 혹은 신체형장애란 마치 신체질환처럼 보이는 정신장애를 의미하며 환자는 다양한 신체 증상을 호소하지만 이에 합당한 검사 소견이 발견되지 않고 기존의 신체질환으로 환자가 호소하는 증상을 설명할 수 없는 경우를 말한다. (서울아산병원)

나의 경우 왼쪽 새끼손가락이 저린다. 왜 그런지 다양한 검사도 해봤지만 이유를 알 수 없다. 꾀병은 절대 아니다. 손가락에 피가 통하지 않아 잘못될까 봐 걱정돼 손가락을 꽉 눌렀다 놓으면서 피가 통하는지 확인하는 일을 하루에도 몇 번씩 한다. 손가락을 주물러주기도 하고 따뜻한 물로 찜질을 해주기도 한다. 하지만 새끼손가락이 저린 현상은 도무지 나아지지 않았다.

한동안은 컴퓨터 자판을 치기 힘들 만큼 새끼손가락 저림 증상이 심했다. 그 증세는 조금 나아졌다 나빠졌다 할 뿐 도무지 없어질 기미가 없다. 가끔 불안했다. 내가 간 정형외과에서 검사를 제대로 한 게 맞을까. 그래서 또 다른 정형외과에 가서 검사도 해보지만 여전히 새끼손가락 저림 증상의 원인은 모른다.

혹시나 정형외과 의사가 모르는 질병이 있는 건 아닐까? 제때 치료하지 못해 혹시 새끼손가락 하나를 잘라내야 하는 건 아닐까? 그런 생각까지 들면 한숨이 절로 나온다. 오죽하면 가끔 새끼손가락을 찔러 피를 내보기도 한다. 도무지 없어지지 않는 저림 현상이 혹시 혈액순환이 안 돼 그런 걸까 두려워 혈액순환에 좋다는 약은 다 사 먹었다. 그래도 증상은 나아지지 않는다.

의사들이 가장 싫어하는 환자가 병원 쇼핑을 하는 환자라는 기사를 본 적이 있다. 의사의 진단을 믿지 못하고 이 병원 저 병원 다니는 환자를 가리키는 말이다. 그런데 어느새 내가 병원 쇼핑을 하는 환자가 되어 있었다. 이제는 새끼손가락 저림 현상에 익숙해져서 그나마 무던하게 일상을 보낸다. 사실 왼손 새끼손가락은 일상에서 별 쓰임새가 없기도 하다. 하지만 일단 저림 현상에 신경 쓰이기 시작하면(보통은 컴퓨터 앞에 앉아 글을 쓸 때다) 내일 또 다른 병원에 가서 검사를 받아야겠다는 생각이 들곤 한다.

아마도 기억나지 않는 어느 날에 내가 정신과 의사에게 그 이야기를 했던 모양이다. 아, 진짜 싫다. 정신과를 다닐수록 내 정신병은 늘어만 간다.

신체화장애란 그저 원인을 알 수 없는 질병에 의사들이 붙인 병명은 아닐까 하는 생각이 들었다. 신체화장애는 스트레스로 인해 생기는 경우가 많고 호전되기 쉽지 않기 때문에 우울증 등의 합병증이 생길 수 있다는 설명을 읽으며 나는 고개를 저었다.

신체화장애에 대해 정신과 의사와 대화를 나누지는 않았지만, 언제나 그랬듯 나는 일단 의사의 진단을 부정하고 본다. 내 새끼손가락이 저린 데는 분명 무슨 원인이 있을 것이고, 그 원인만 찾으면 나을 수 있으리라 기대한다. 나아질 거라는 희망도 없이 살기는 싫다.

내 정신병명을 하나라도 줄이기 위해 나는 열심히 인터넷을 검색하고 관련 서적을 탐독한다. 다음 상담 때 의사에게 나는 신체화장애가 아니라고 따지겠다는 결심으로 시작한 신체화장애 연구는 사흘이나 걸렸다. 그동안 여러 병원도 전전했다. 새끼손가락 저림 증상의 원인을 찾기 위해 같은 검사를 몇 번이나 했다.

그리고 나는 지금 의사의 진단을 인정한다. 나는 신체화장애를 앓는 환자다. 스트레스가 이토록 많은 질병을 유발하는지 미처 몰랐다. 아픈 마음이 몸도 아프게 만든다는 것을 인정하지 않았다. 어쩌면 나는 스트레스를 이겨내지 못한 나 자신이 마음에 들지 않았던 모양이다. 그래서 혼자 스트레스를 이겨보려고 아등바등하다 결국 더 큰 병을 얻게 된 것이다.

정신과 치료 2년 차가 돼서야 위인전이나 뉴스에서 볼 법한 강한 정신력이 내게는 없다는 것을 완벽히 인정했다. 계속되는 상처, 좌절, 절망에 내 정신력이 바스러지기 직전이라는 것을 직시했다. 약하디약해진 정신 덕분에 육체까지 소멸 직전이라는 사실을 깨달았다. 나는 누가 한 번만 툭 치면 깨져버릴, 잔뜩 금이 가 있는 유리인간이 되어버렸다. 포기하고 싶었다. 상처투성이 유리인간은 깨뜨려서 버리는 게 가장 쉽고 간단한 법이다. 하지만 나는 여기저기 금이 가서 깨지기 직전인 나 자신을 깨뜨리지 않았다. 그 대신 나 자신을 고치기로 결심했다.

정신과 치료 5년 차, 오늘도 나는 조심조심 금이 간 유리인간의 상처에 접착제를 바른다. 접착제를 발라도 깨진 자국은 없어지지 않는다. 그래도 괜찮다. 괜찮다. 괜찮다. 나는 접착제를 덕지덕지 바른 상처를 세상에 자랑스레 내보일 수 있다. 그것은 내가 나 자신을 절망과 좌절에서 구해냈다는 증거니까. 괜찮다. 비록 접착제 범벅의 유리인간이라도.

세상에서 나라는 존재를 없애지 않고 견딘 것만으로도, 나라는 한 인간의 존엄성을 완전히 짓밟지 않은 것만으로도 나는 내가 대견하다.

하지불안증

우울증이 한창 심각해지던 그해, 불면증에 시달렸다. 술에 잔뜩 취해 수면유도제를 몇 알이나 먹고 겨우 잠들어도 발에 경련이 일어나 깨기 일쑤였다. 주무르고 온열마사지도 해주고 별별 짓을 해도 한번 경련이 난 발은 곧아서 아팠다. 너무 아파서 눈물이 날 정도의 경련은 점점 잦아졌다.

일단 나는 혈액순환이 안 되는 거라고 자가 진단을 했다. 발은 심장에서 가장 멀리 있으니 일리 있는 자가 진단이었다. 그래서 혈액순환에 좋다는 약이란 약은 다 구해 먹었다. 잠자기 전 공기 마사지기를 이용해 다리 전체를 마사지해주고, 따뜻한 물주머니로 발을 데워주는 일도 빼먹지 않았다.

하지만 경련은 멈추지 않았다. 고통스러웠다. 내가 할 수 있는 것은 다 하는데도 멈추지 않는 경련은 공포로 다가왔다. 경련이 일어나면 즉시 깨어 발을 주무르면서 울었다. 비참했다. 혹시나 해서 병원에 가봤지만 몸에 이상은 없었다. 새끼손가락 저림 현상처럼, 불면증처럼, 공황장애처럼, 우울증처럼 그렇게 발 경련도 익숙한 일이 되어버렸다.

경련은 꼭 밤에 잠들기 전이나 막 잠이 들려는 순간에 일어났다. 어느 날은 발 경련이 두 시간이나 계속돼 가장 강력한 수면제인 졸피뎀으로도 잠들지 못했다. 다음 날, 나는 정신과 의사에게 더 강력한 수면제를 처방해달라고 요구했다. 더 강력한 수면제를 먹으면 발에 경련이 일어나도 잠에서 깨지 않을 테니까. 이유를 묻는 의사에게 증상을 설명하니 하지불안증후군이라는 진단을 내렸다.

하지불안증후군은 다리가 근질근질하고 벌레 기어가는 불쾌한 느낌, 당기는 듯하고 쑤시고 저리고 쥐어짜는 듯한 통증으로, 특히 밤에 가장 심해져 수면장애를 초래하는 질병이다. (서울아산병원)

나의 경우 발에 일어나는 경련이 가장 고통스러웠다. 다리가 갑자기 발작이 일어나듯 내 의지와 상관없이 움직이는 증상도 나타났다. 원인은 알지 못한다. 보통은 통증이 없다는데 나는 심각할 정도의 근육경련 통증으로 잠들지 못할뿐더러 자다가도 깰 정도로 고통스러웠다.

나는 의심이 많고 부정적인 사람이다. 나를 몇 년이나 괴롭힌 발 경련을 그렇게 쉽게 진단한 의사를 믿기 힘들었다. 하지불안증후군이라는 이름도 생소하고 낯설었다. 하지만 의사의 항경련제 처방은 반가웠다. 발 경련이 멈출 수 있다면 무엇이라도 받아들일 만큼 고통스러운 밤의 연속이었으니까. 그렇게 몇 주간 항경련제를 복용하고 나니 밤에 두려움 없이 누울 수 있었다. 다행히도 졸피뎀이 수면제로서 역할을 잘해냈고, 경련이 일어날 것이라는 공포도 없어졌기 때문이다.

지속적인 치료로 하지불안증후군은 거의 사라졌다. 지금은 한 달에 한 번쯤 발작이 일어나듯 다리가 제멋대로 툭 움직이는 일은 있어도, 발을 잘라내고 싶을 만큼 고통스러운 경련은 더 이상 나타나지 않는다.

정신과 치료 5년 차, 침대에 누워 눈을 감고 발에 경련이 일어날까 봐 두려움에 떠는 일은 더 이상 없다. 우울증, 불면증, 강박증, 신체화장애, 공황장애, 하지불안증후군, 번아웃증후군…….

나에게 이렇게 많은 정신병이 있는 줄은 몰랐다. 그 많은 정신병이 모두 스트레스로 인한 질병이었다. 어쩌면 정신과 의사가 발견하지 못한 정신병이 또 있을지도 모른다.

1년 6개월의 휴직 기간 동안 그 많은 정신병이 하나둘 사라지기 시작했다. 물론 약물의 도움도 있었지만 나는 휴식이 수많은 정신병의 치료제라고 확신한다. 그러니 혹시 조금이라도 몸에 이상이 있다고 느껴지면 쉬라고 권하고 싶다. 어디가 아프다고 하면 사람들은 운동을 열심히 하라거나 어떤 음식을 먹으라고 충고한다. 하지만 나는 휴식이 가장 중요한 처방이라고 생각한다. 그러니 지금 아픈 당신에게 당장 휴식을 명한다.

언제나 의심하고 불신했던 정신과 치료 덕분에 차츰 건강이 나아지는 것을 경험하며 생각이 많아졌다. 그동안 나를 괴롭혀 온 원인 모를 질병이 모두 스트레스로 인한 정신병이라는 것을 인정하고 치료하는 과정은 지루하리만큼 오래 걸렸다. 그래서 환자들이 도중에 치료를 포기하는 일도 있다. 사회적 편견도 신경 쓰이고 정기적으로 병원에 다니는 것도 힘든데 치료가 쉬이 되지 않으니 답답할 만도 하다.

아마 나도 질병휴직 상태가 아니었다면 도중에 치료를 포기했을 것이다. 어쨌든 치료를 포기하지 않은 덕분에 나는 글을 쓸 수 있을 만큼 회복했다. 우울증이 심각할 때는 단 한 글자도 쓸 수 없을 정도로 무력했다. 몇 년 만에 소설을 다시 쓰며 비로소 내가 치유되고 있다는 것을 실감했다.

효과가 빨리 나타나지 않는다고 정신과 치료를 중단해서는 안 된다. 조금만 참고 기다리면 분명히 마음의 평화가 찾아온다. 반드시 절망과 좌절에서 벗어날 수 있다. 그러니까 그때까지 포기하지 마라.

시한부 인생

객관적으로 보면 나는 그다지 문제없는 인생을 살았다. 군인인 아버지, 전업주부인 어머니, 남동생과 여동생까지 가족은 언제나 나를 배려했고 희생을 감수하는 일도 많았다. 학창 시절에는 공부를 잘한다는 이유로 선생님들의 사랑을 듬뿍 받았다. 어쨌든 남들이 이름을 아는 대학에 한 번에 합격했고, 남들이 좋은 직업이라 칭하는 교사 임용에도 한 번에 합격했다.

하지만 그 모든 순간에 나는 우울하고 불행하기만 했다. 몇 번이나 정신과 치료를 시도했지만 모두 중도에 포기했다. 정신과 약은 효과가 나타나기까지 시간이 오래 걸린다. 특히 나처럼 중증 우울증의 경우 시간이 더 많이 필요한 법이다. 나는 성격이 급하다. 정신과에서 처방받은 항우울제를 복용해도 우울한 기분은 나아질 줄 모르고, 부작용 때문에 머릿속이 멍한 것이 답답하고 짜증스러웠다. 그래서 정신과 치료를 한두 번 받다가 매번 그만두었다.

하지만 공무원의 경우 질병휴직을 하면 진단서를 발급한 의사에게 휴직 기간 동안 반드시 치료받게 되어 있다. 그래서 강제로라도 병원에 가야만 했다. 처음에 의사가 정신과 병동 입원을 권유했지만, 나는 단호하게 거절했다. 매일 병원에 가는 한이 있어도 정신과 병동에 입원하고 싶지는 않았다. 미친 사람들이 가득한 병동이라니, 생각만 해도 끔찍했다. 정신과 병원 진료를 받는 내게도 정신과 환자들에 대한 뿌리 깊은 편견이 존재했다.

사실 치료에 대한 기대는 없었다. 어쩌다 하게 된 휴직이었고, 어쩌다 시작한 치료였다. 우울증 상태가 심각하다는 것은 몇 년 전부터 인지하고 있었다. 하지만 정신과 치료를 받는다고 해서 나아지리라는 기대는 없었다. 이미 몇 번이나 중단한 경험도 있었다.

치료 따위는 하지 않고 그냥 생을 마감하고만 싶었다. 그 당시 나는 언제라도 죽을 준비가 되어 있었다. 하지만 의사가 시키는 대로 하면서 일 년을 보내기로 결심했다. 그것이 나를 세상에 내

보내준 부모님에 대한 최소한의 예의였다. 나라는 인간의 존엄성을 지키기 위한 최소한의 노력이었다.

우울증 치료를 시작하고 나서도 꽤 오랫동안 자살 충동에 시달렸다. 휴직이 끝나면 어쨌든 다시 일상으로 돌아가야 한다는 압박감이 나를 짓눌렀다. 불면증에 시달리면서도 수면제를 아끼고 복용하지 않았다. 경험상 어차피 사흘쯤 되면 잠들기 마련이었다. 직장생활을 한다면 문제가 되겠지만, 휴직 상태에서는 잠들지 못해 생기는 문제들은 오로지 나만 견디면 되는 일이었다. 집중력 저하나 심한 감정 기복으로 타인을 괴롭히지 않으니 불면증이 있어도 조금 느긋해졌다. 잠이 오지 않아 멍한 상태로 사흘을 꼬박 지새우면서도 나는 수면제를 모았다. 차곡차곡 쌓여가는 수면제 개수만큼 나의 자살 충동도 쌓여갔다.

굳이 살아갈 이유를 알 수 없었다. 보살펴야 할 가족도 없고, 책임져야 할 사회적 지위가 있는 것도 아니고, 삶은 이렇게 계속 고통스러울 텐데 왜 살아야 하는지 이유를 알 수 없었다.

너무 지쳤다.

그저 쉬고 싶었다.

단 한 번도 '행복'이라는 단어를 느껴본 적이 없었다. 단 한 번도 '기쁨'을 만끽한 적이 없었다. 불행히도 어렸을 때부터 그랬다. 다른 아이들은 100점을 받으면 좋아하지만, 나는 당연하다 여겼다. 다른 아이들은 선생님의 칭찬을 받으면 활짝 웃지만, 나는 무덤덤했다. 정신과 의사는 내 성격 자체가 우울 성향이 강해서 우울증이 쉽게 치료되지 않는다고 했다.

극단적으로 감정 기복이 심해질 때는 당장이라도 높은 빌딩에 가서 뛰어내리고 싶었다. 그 충동을 막은 것은 시선이었다. 빌딩에서 뛰어내려 산산이 부서진 내 시신을 낯선 타인의 시선 앞에 놓아두고 싶지 않았다. 타인의 시선을 끄는 방법으로는 죽고 싶지 않았다. 그냥 조용히 아무도 몰래 죽고 싶었다.

아주 오랫동안 죽음에 대해 생각하고 고민했다.

'내가 정말 죽고 싶은 걸까?'

일단 살아야 할 의미는 찾지 못했다. 모든 것이 무의미하고 절망스러웠다. 방 안에 처박혀 책만 읽었다. 그리고 매일 생각했다.

'살아야 할 의미가 있을까?'

그렇게 몇 년을 고민하다 죽기로 결심하고 차근차근 계획을 세웠다.

수면제를 모으기는 했지만, 수면제 과다복용으로 죽을 마음은 없었다. 수면제 과다복용은 실패 확률이 너무 높았다. 수면제는 그저 보조로 사용하기 위해 모았다. 나는 과학 전공자답게 독극물에 대한 지식도 풍부한 편이고, 추리소설 마니아답게 치사량의 독극물을 만들어내는 방법에 대한 지식도 풍부하다. 게다가 학교에는 독극물이 가득한 과학실험실이 있었다. 만일 자살을 결심한다면 절대로 실패하고 싶지 않았다. 학교에 있는 독극물을 모두 삼켜서라도 죽고 싶었다.

하지만 난 어쩌다 보니 휴직 상태라 독극물에 접근하기는 힘들었다. 그래서 일단 휴직 기간을 즐기기로 했다. 내가 하고 싶은데도 하지 못했던 것을 하면서 일 년의 시한부 인생을 시작했다.

시한부 인생은 즐거운 편이었다. 하루 종일 글을 읽고 글을 썼다. 그렇게 내 인생 처음으로 평온한 시간을 만끽했다. 하지만 그 일 년의 시간에도 행복은 느끼지 못했다. 그렇게 10개월, 항우울제가 제 역할을 해내는지 자살 충동은 많이 누그러졌다. 그렇다고 딱히 살고 싶은 상태도 아니었다.

그 무렵 학교에서 복직 여부를 결정해달라는 전화가 왔다. 그때부터 나는 정신과 상담에 신경을 쓰기 시작했다. 일부러 더 명랑하게 굴었고, 눈물은 절대 흘리지 않았다. 긍정적인 멘트로 정신과 의사를 웃기기까지 했다. 일부러 그렇게 했다. 죽기 위해서는 복직할 필요가 있었기 때문이다.

정신과 의사는 나의 강박적인 면이 그래서 나쁘다고 충고했다. 한 번 결심하면 흔들리지 않는 강박적인 면이 계속 자살 충동을 불러일으킨다는 것이다. 어쩌면 의사 말이 맞을 수도 있다. 어쨌든 일 년의 시한부 인생을 나에게 부여했으니, 결말도 내 마음대로 맞고 싶었는지 모르겠다.

복직 여부를 결정하기 전의 마지막 상담 시간, 나는 의사에게 진단서를 요청했다.

"복직하려면 우울증이 관해되었다는 진단서가 필요하고, 휴직 연장을 하려면 우울증이 계속되고 있다는 진단서가 필요해요."

그러고는 이렇게 덧붙였다.

"휴직 연장을 하고 싶어요."

생전처음 맞은 행복과 비슷한 시간을 조금 더 즐기고 싶어서였을까, 아니면 마음속 깊은 곳에서 꿈틀대는 생존 욕망 때문이었을까. 나는 느닷없이 휴직 연장을 하고 싶다고 말했다. 그리고 기다렸다.

앞서 말했듯이 정신과 진단서는 쉽게 발급되지 않는다. 게다가 나는 이미 1년 진단서를 발급받은 상태였는데 6개월 진단을 더 바라니 의사 입장에서는 곤란했을 것이다. 의사는 한참을 망설였고, 나는 생글생글 웃으며 기다렸다.

나는 선택 불능자다. 언제나 선택의 순간 망설이며 선택을 미룬다. 하물며 친구를 만나 점심 메뉴를 고를 때도 내가 고르는 법이 없다. 반드시 친구의 선택을 기다린다. 그러면 선택 결과가 마음에 들지 않을 때도 변명거리가 생기니까. 아마도 나는 죽음의 순간조차 선택하지 못하고 의사에게 미루고 싶었던 것 같다. 의사는 한참을 고민하다 고개를 끄덕이더니 6개월 진단서를 발급해주었다.

순간, 나는 울음을 터뜨렸다. 긴장이 풀리면서 모든 감정이 복받쳤다. 의사는 당황했다. 나는 그냥 울기만 했다. 두어 달 멀쩡하게 상담받던 환자가 갑자기 감정이 폭발해서 울자 의사는 멍하니 바라보고만 있었다. 한참을 울며 깨달았다. 나는, 그러니까, 살고 싶었던 것이다.

아직 다 쓰지 못한 소설도 완성해야 하고, 내 머릿속에만 있는 아이디어도 글로 쓰고 싶었다. 그러니까 부양가족도 없고, 사회적 지위도 없고, 책임질 게 아무것도 없는 나였지만 꿈은 있었다. 그저 글을 쓰고 글을 읽으며 살아가는 것, 그게 나의 꿈이었다.

지금도 나는 대단한 행복을 만끽하지는 못한다. 하지만 행복하지 않으니 죽어야겠다는 생각은 하지 않는다. 그저 나쁜 일은 벌어지지 않는 다소 무료한 인생이 차라리 낫다는 자기 위안을 하며 살아간다. 매일 글을 읽고 글을 쓰면서, 아이들 때문에 울고 웃으면서, 미친 듯이 행복하지는 않아도 따뜻한 온기가 있는 인생이면 충분하다는 생각이 든다.

그렇게 나는 신이 선택한 죽음의 순간을 기다리기로 결심했다.

정신과 병원을 추천합니다

공무원이 질병 휴직을 할 경우 휴직 기간 동안 휴직진단서를 발급한 의사에게 치료받을 의무가 있다. 누군가는 자신에게 잘 맞는 정신과 의사를 찾아 헤맨다고 하지만 나는 선택의 여지가 없었다. 정신없이 집에서 가장 가까운 병원을 검색해 찾아갔고, 진단서를 발급받았다. 지금의 정신과 의사와 나는 그렇게 인연을 맺었다.

정신과 의사와 성격이 잘 맞는가는 상담의 주요 요건 중 하나다. 내 경우 잘 맞는다기보다는 특별한 문제가 없는 편이라고 볼 수 있다. 사실 자신과 성격이 잘 맞는 사람을 찾기가 어디 쉬운가? 특히 나처럼 타인에 대한 경계심이 강할 경우 라포르 형성도 어렵기 때문에 거의 불가능한 일이라 할 수 있다.

정신과 의사는 나보다 네다섯 살 정도 많은 남자 의사로 일반적으로 상상하는 정신과 의사나 상담자와는 달리 살갑지도 않고 다소 냉정한 편이다. 가끔은 나를 무섭게 야단치기도 한다. 하지만 나는 오히려 그런 면이 좋았던 것 같다. 나에게는 내 감정에 공감해줄 친구가 아니라 전문가의 입장에서 판단하고 치료해줄 냉정한 의사가 필요했던 것이다.

솔직히 말하자면, 아직도 정신과 의사에게 완전히 마음의 문을 열지는 않았다.

20년 지기가 내게 이런 말을 한 적이 있다.

"가끔은 네가 너무 낯설게 느껴져. 마음속 깊은 이야기는 하지 않으니까."

정신과 의사에게도 마찬가지다. 그래서 상담 시간에도 나의 새로운 작품 이야기나 불면증과 우울증의 현재 상황에 대한 이야기가 주를 이룬다. 사실 15분 동안 할 수 있는 이야기는 그리 많지 않다. 아마 나 외에도 많은 사람이 그렇지 않을까 싶다.

마음속 깊은 이야기를 하지 않는데 상담이 무슨 소용이냐고? 일단 다른 이에게 하지 못하는 이야기를 할 수 있는 누군가가 있다는 것, 비밀로 하고 싶은 내 이야기를 비밀로 유지해줄 누군가가 있다는 것, 내 편에서 상처 입은 내 상황을 받아들이고 앞으로 어떻게 해야 할지 판단해줄 누군가가 있다는 것은 큰 힘이다. 사실 너무 힘이 들 때는 그 누군가가 있다는 것만으로도 힘이 된다.

그러니 자신에게 맞는 의사를 찾느라 시간을 너무 허비하지 않는 것이 좋다. 우울증 치료는 상담보다 약물치료가 우선인데, 자칫하다가는 시간을 너무 지체해 우울증을 악화시킬 수 있다. 일단 우울증에 걸린 것 같다면 가까운 정신과를 가볼 것을 권한다. 설마하니 의사가 불친절한들 얼마나 불친절하겠는가. 그리고 정 의사와 맞지 않는다면 다른 의사를 찾으면 되니 너무 이리저리 재면서 망설이지는 말자. 인터넷에 떠도는 정신과 후기도 그리 신뢰할 것은 못 된다. 무조건 치료를 빨리 시작하는 게 우선이다.

항우울제, 행복을 만들어내다

우울증 치료에서 가장 중요한 것은 항우울제라고 생각한다. 물론 정신과 의사도 약물치료가 가장 중요하다고 말한다. 현대에 들어 우울증 환자가 많아지면서 치료 방법도 다양해지고 있다. 내가 다니는 병원도 뇌파를 자극하는 기계 치료 등 여러 가지 방법을 사용한다. 하지만 정신과 의사는 딱 잘라 말한다. 새로운 여러 가지 치료법이 있지만, 기본적인 약물치료가 가장 효과적이라고.

항우울제는 여러 종류가 있는데, 자신에게 잘 맞는 약을 찾는 것이 중요하다. 보통 항우울제는 먹기 시작한 지 2주에서 4주 정도 지나야 효과를 보인다고 한다. 내 경우에는 워낙 심각한 상태에서 치료를 시작해서인지 3개월이 지나도 효과가 나타나지 않았다. 한 달을 더 기다려도 자살 충동이나 인지능력 저하 등의 병세는 뚜렷이 호전되지 않았다. 나는 성격이 급한 편이다. 치료되지 않는 내가 답답하고 견딜 수 없었다. 내가 몇 번이나 약물의 효과에 대해 의문을 표시하자 결국 의사가 약물을 변경해주었다.

그 후로도 몇 번이나 약이 바뀌었다. 그렇게 몇 번이나 변경한 항우울제가 효과를 보인 것인지, 아니면 시간이 흐르고 안정을 찾은 것인지 약을 복용한 지 10개월쯤 지나자 감정이 조금 차분해지기 시작했다. 자살 충동이나 폭력성도 감소했다. 하지만 복직 시기가 다가오면서 상태가 다시 악화돼 결국 나는 6개월을 더 쉬어야만 했다.

그리고 항우울제를 복용한 지 5년째, 지금은 우울증 관해의 희망이 커지고 있다.

항우울제 효과는 사람마다 다르다. 나도 10개월이나 지나서야 효과가 나타났다. 그러니까 너무 초조해하지 마라. 괜히 효과가 없다고 약을 중단해서도 안 된다. 반드시 의사와 상담한 뒤 항우울제 종류를 바꿔라. 우리나라에서 판매 중인 항우울제는 200여 종이나 된다. 일반적으로 많이 사용되는 항우울제는 렉사프로, 이팩사엑스알, 세로자트, 팍실 CR, 레메론솔탭, 프로작 등이다.

수많은 종류의 약 가운데 당신에게 맞는 항우울제도 반드시 존재한다. 그러니까 포기하지 마라.

항우울제가 그렇게 좋기만 한 약이냐고? 그렇지는 않다. 모든 약물이 그렇듯 항우울제 부작용도 만만치 않다. 요즘은 부작용이 줄어들었다고 하지만, 그래도 부작용이 없을 수는 없다.

항우울증제는 정신뿐만 아니라 몸도 혼미하게 만들었다. 처음 복용하기 시작했을 무렵에는 하루 종일 졸리고 멍했다. 옆에서 누가 흔들어도 멍한 상태에서 깨어나지 못할 만큼 집중력이 약해졌다. 한마디로 눈만 뜨고 있는 바보 같았다. 그래도 내 몸 세포 하나하나에 스며든 우울은 좀처럼 사라지지 않았다.

나는 친구에게 농담처럼 말했다. 억지로 정신을 혼미하게 만들어 자살 시도조차 못 하게 만드는 독한 약이라고. 우스운 건 졸리긴 한데 잠들지는 못한다는 것이다. 즉, 불면증은 여전히 남아 있었다. 시간이 흐르면서 졸린 증상은 덜해졌지만 멍한 것은 여전했다.

정신과 약은 대부분 갈증이 난다. 물을 마시고 돌아섰는데도 목이 마르다. 처음에는 목마름 부작용이 얼마나 심각한지 물병을 옆에 놓고 계속 들이켜고 화장실에 가는 일만 반복해야 했다.

휴직하고 한 달 동안 나는 하루 20시간 이상을 멍하니 누워 있었고, 하루 3리터의 물을 마셨다.

하지만 그 정도의 부작용쯤은 견딜 수밖에 없다. 탈모약, 발기부전치료제와 함께 해피 메이커(Happy maker)로 불리는 약이 항우울제다. 해피 메이커라 불리는 다른 약도 물론 부작용은 있다. 그래도 우울증의 최악 증세인 자살 충동에 시달리는 것보다는 정신이 혼미해서 아무 생각도 하지 못하는 게 낫지 않은가?

대표적인 항우울제인 프로작의 경우 그 효과가 플라시보 효과(Placebo effect, 위약 효과) 때문이며, 우울증에는 효과가 없다는 연구 결과도 있다. 그러면 어떤가? 어떤 말기암 환자는 플라시보 효과 때문에 의사들의 진단과는 달리 멀쩡히 잘 살아가고, 어떤 말기암 환자는 약물을 완전히 거부했는데도 멀쩡히 살고 있다. 결국 모든 것이 마음의 문제다. 효과가 있다고 생각해 병이 낫는다면 거리낄 이유가 없다. 그러니 우울증 환자들이 적극적으로 자신에게 맞는 수단과 방법을 강구하고 병을 치료했으면 좋겠다. 그 어떤 수단과 방법이라도 말이다.

졸피뎀, 잠든 채 걷다

복용 후 느리게 작용해 오랜 시간이 지나서야 효과가 나타나는 항우울제와 달리 마약성 의약품, 즉 향정신성의약품은 먹는 즉시 효과가 있다. 수면제 졸피뎀과 각성제 페니드가 그렇다.

졸피뎀의 경우 강간 범죄에 악용될 만큼 수면제 효과가 강력하고 즉각적이다. 하지만 불면증 상태가 심각했던 나의 경우 의사가 처방해준 복용량으로는 어림도 없었다. 정신과 치료를 받기 전, 나는 처방전이 없어도 되는 수면유도제를 약국에서 사서 술과 함께 몇 알이나 먹어야 겨우 잠들고는 했다. 나중에는 열 알을 한 번에 먹기도 했다.

대한민국에서 파는 수면유도제는 모두 복용해보았다. 해외 의약품 사이트에서 수면에 좋다는 약도 종류별로 다 복용해보았다. 한마디로 약물 오남용 전력이 심각했던 나는 의사 입장에서는 도무지 반길 수 없는 불량 환자였다.

우스운 일이다. 어릴 적에 나는 잠이 많기로 유명한 아이였다. 그때는 어떻게든 잠을 쫓으려고 별의별 짓을 다했다. 카페인이 들어간 음료수를 몇 병이나 마셔도, 눈을 아무리 비벼도 잠이 쏟아지던 시절이 내게도 있었다. 팔짝팔짝 뛰면서도, 심지어는 대화 중에도 잠든 적이 있었다. 그때는 제발 잠이 줄었으면 좋겠다고 생각했다. 시험 때면 밤새워 공부하는 아이들이 부러웠다. 그랬던 내가 잠들지 못해 힘들어하게 되리라고는 상상도 못 했다.

졸피뎀은 복용 후 30분 안에 효과가 나타나는 것으로 알려져 있지만, 나는 한 시간이 지나도 말똥말똥했다. 불면증에 대해 사람들이 착각하는 것 한 가지. 피곤하면 잠이 올 거라는 예상은 불면증 환자에게 통하지 않는다. 나의 경우 사흘째까지도 깨어 있었던 적이 있다. 너무 피곤해서 근육이 뭉쳐 딱딱하게 굳어도, 눈에 붉은 핏발이 서 눈꺼풀을 감을 때마다 우툴두툴한 핏발이 느껴질 정도가 되어도 잠은 오지 않는다.

불면증이 나아지지 않자 의사는 졸피뎀을 비롯해 여러 종류의 수면제를 복합적으로 처방해주었다. 최대용량의 수면제를 처방해주었는데도 곤두선 신경은 쉽게 가라앉지 않았다. 그렇게 잠 못 드는 것도 견디기 힘든데 아픈 기억은 머릿속에서 맴맴 돌며 나를 더 괴롭혔다. 고통스러운 기억이 머릿속을 맴돌아 잠을 못 자는 것인지, 잠이 안 와서 나쁜 기억이 떠오르는지 전후 관계는 모르겠다. 어쨌든 나는 상처, 고통, 절망, 좌절의 기억을 되새기며 밤새 깨어 있곤 했다.

가끔 견딜 수 없을 만큼 힘들고 신경이 곤두설 때면 몰래 다음 날 복용할 수면제를 더 먹기도 했다. 물론 나쁜 짓이라는 것은 나도 안다. 해롭다는 것도 안다. 하지만 당장 잠들지 못해 죽을 지경인데, 피곤해서 쓰러지기 직전인데도 잠이 오지 않아 미칠 지경인데 나쁜 짓 따위가 뭐 어떤가? 한마디로 나는 죽는 것도 무섭지 않은 중증 우울증 환자였다. 건강 따위는 내 머릿속에 없었다.

졸피뎀의 부작용은 생각보다 심각하다. 일단 중독성이 문제다. 가끔 유명인들이 졸피뎀에 중독되어 불법적인 경로로 졸피뎀을 구입하고 과다복용해 문제가 되기도 한다. 중독되면 효과가 떨어지고, 효과가 떨어지면 더 높은 용량을 복용하고 싶은 욕구가 커진다. 졸피뎀은 의사 처방이 있어야 살 수 있지만 이래저래 불법적으로 유통돼 문제가 되는 약이기도 하다. 하지만 나쁜 범죄에 이용할 것이 아니라면, 정말 불면증 때문이라면 반드시 의사 처방을 받아야 한다.

솔직히 어둠의 경로로 졸피뎀을 구하고 싶다는 생각을 해보지 않았다면 거짓말이다. 의사는 오랫동안 최대용량의 졸피뎀을 처방해주었다. 하지만 졸피뎀 용량이 줄어들자 한동안 불면증이 더 심각해졌다. 졸피뎀을 먹고 순식간에 잠에 빠져드는 그 행복감을 알기에, 숙면하고 난 후의 개운함을 알기에 그 유혹을 떨치기가 쉽지 않았다. 하지만 나는 끝내 의사 처방대로만 졸피뎀을 복용했다. 물론 그 과정 중에 잠이 오지 않는다며 복용량을 늘려달라고 조른 적은 있다.

내가 꾹 참고 의사 처방대로만 졸피뎀을 복용한 이유는 바로 심각한 부작용 때문이다. 어느 날 아침에 깨어나 휴대폰을 뒤적이다가 우연히 통화목록을 보게 되었다. 지난밤 무려 3시간이나 친구와 통화한 기록이 남아 있었다. 친구는 내가 술에 취해서 전화한 줄 알았다고 한다.

전혀 기억이 나지 않았다. 그런 일이 세 번이나 발생하자 나는 통화를 할 때 반드시 녹음이 되게 설정해놓았다.

충격적이었다.

어눌하고 느린 말투로 횡설수설하는 내 목소리가 낯설었다. 나는 잠이 든 채 주변 사람들을 괴롭히고 있었다.

"이제 그만하고 자. 술 취했으면 잘 것이지, 하여간 주사도 못 말려. 전화 끊는다."

나는 또 전화를 건다.

"야! 벌써 새벽 2시야. 자자, 그만."

결국 상대방은 더 이상 전화를 받지 않는다. 그러면 나는 또 다른 누군가에게 전화를 건다. 불행히도 과거에 가르쳤던 제자다. 젠장, 젠장! 통화녹음을 들으며 내가 아는 욕설이란 욕설은 모두 내뱉었다. 소름이 끼쳤다. 내 휴대폰에는 수많은 전화번호가 저장되어 있다. 제자, 학부모, 교사, 작가, PD, 출판사 대표, 드라마 제작사 대표……. 가깝지도 않은 그 사람들에게 전화를 걸어 헛소리하며 괴롭힐 수 있다는 가능성은 나를 주눅 들게 했다.

그나마 다른 이에게 전화 거는 일은 약과다. 수면복합행동, 즉 수면 중 하는 행동은 광범위하다. 수면 보행, 수면 운전, 수면 자살……. 나를 해치는 데서 끝나지 않고 타인을 해칠 수도 있었다.

난 내 고통보다 타인의 고통에 더 민감하게 반응하는 편이다. 어쩌다 다른 이에게 상처 줄지도 모르는 말이나 행동을 하면 밤새 잠들지 못한다. 우습게도 뜬눈으로 밤을 지새운 채 다음 날 사과를 하면 오히려 그 사람이 반문한다.

“뭘 그 정도로 사과까지 해? 난 아무렇지도 않았는데. 오해 안 했어. 걱정하지 마. 네 성격 아는데 오해했을 리가 있니?”

만약 졸피뎀 부작용인 수면복합행동이 점점 심각해져 수면 중에 운전하다가 사고라도 나면? 그 사고로 사람이 죽기라도 하면?

원래 우울증을 앓는 사람은 최악의 경우만 상상하는 법이다. 그 끔찍한 상상을 하면서도 나는 졸피뎀을 끊지 못했다. 그래서 의사에게는 부작용을 말하지 않았다. 어쩔 수 없었다. 잠들지 못하는 게 그 무엇보다 끔찍했다. 차라리 얼굴조차 기억나지 않는 누군가에게 전화해 잠꼬대를 중얼거리다 망신당하는 게 나았다. 그래도 한동안 휴대폰은 거실에 두고, 자동차 열쇠는 매일 장소를 바꿔 숨겨두고 잤다.

졸피뎀은 각성을 방해하므로 약을 복용하고 7~8시간 정도 지난 뒤 운전을 비롯한 여러 일상생활을 해야 한다. 나는 설명서 아래 굵게 강조된 주의사항을 대수롭지 않게 여겼다. 불면증이 조금씩 나아가던 중 졸피뎀 없이 잠들어보기로 했다. 하지만 결과는 실패. 그래서 새벽 2시 넘어 졸피뎀을 복용했고, 겨우 4시간을 자고 일어나 출근했다. 그리고 운전 중 나도 모르는 사이에 잠들어 가드레일을 들이받았다. 다행히 다친 사람은 없었다. 하지만 이후에는 극도로 조심했다. 멍청하게 졸피뎀 없이 잠들겠다는 시도도 하지 않았다. 지금은 되도록 퇴근하자마자 잠들어서 새벽에 깬다. 혹시 아침 출근길에 운전하다 사고를 낼까 봐 걱정되어서다.

나는 나 자신을 100% 믿지 않았다. 절대로 믿어서는 안 된다.

보통 불면증 환자는 집중력이 떨어져서 판단력이 흐려진다. 게다가 불면증은 우울증과 함께 오는 경우가 많다. 우울증은 인지능력을 저하시킨다. 자신을 너무 믿지 마라. 자신의 의지가 생각보다 훨씬 약하다는 것, 그리고 질병으로 인해 그 약한 의지마저 무너지기 직전이라는 것을 명심해라. 어둠의 경로로 졸피뎀이나 트리아졸람을 구하고 싶다면 대상이 타인이든 자신이든 살인으로 이어지는 장면을 상상해라. 그러면 조금은 참을 만하다.

다행히 지금은 불면증이 많이 호전되어 저용량의 수면제 두 알로 버틸 수 있다. 하지만 확실히 예전에 처방받은 최대용량보다는 효과가 떨어진다. 아, 상상만으로도 행복하다. 최대용량의 졸피뎀과 트리아졸람이라니……. 이래서 금단증상이 무서운 것이다. 빨리 누군가가 마약성이 아닌 강력 수면제를 발명해주었으면 좋겠다.

향정신성의약품은 오래 복용하면 당연히 효과가 떨어진다. 매번 상담 때마다 의사와 나는 수면제와 각성제 용량을 두고 소리 없는 전쟁을 치른다. 의사는 어떻게든 용량을 줄이고 싶어 하고 나는 죽어도 안 된다고 버틴다. 어떤 때는 나에게 알리지도 않고 의사가 마음대로 복용량을 줄인 처방전을 발급해 약국에서 그 사실을 알고는 병원으로 돌아가 따진 적도 있다.

하지만 우울증이 나아지면서 불면증도 나아가는 중이다. 뒤척임은 여전하지만 어쨌든 잠들기는 한다. 수면제의 효과는 계속 떨어지고 있다. 효과가 너무 없을 때는 차라리 며칠을 수면제 없이 견디기도 한다. 아, 정말 그 일주일은 내내 멍한 채 바보처럼 흘려보냈다. 그렇게 며칠 동안 휴지기를 가지면 향정신성의약품의 효과는 잠시 또 향상된다.

휴지기를 어떻게 견뎠냐고?

첫날에는 정말 미쳐버리는 줄 알았다. 자기도 모르게 스르르 잠드는 그 기쁨이 얼마나 대단한 것인지 경험해보지 않은 사람은 절대 모른다. 나는 그 기쁨을 느끼기 위해서라면 뭐든 할 준비가 되어 있다. 밤새도록 책을 읽고 텔레비전을 보고 바느질을 했다. 그래도 잠은 오지 않았다. 너무 졸린데 잠이 오지 않아 울었다. 울면서 코미디 프로그램을 봤다.

그리고 새벽이 밝아오면 이를 악문다. 오늘은 그냥 수면제를 먹고 자야지. 하지만 한낮이 되면 멍한 정신에 이를 악물고 결심한다. 오늘만 견디자.

산책이라도 하고 싶지만 당장이라도 잠들 것처럼 졸려서 그러지도 못한다. 불면증은 그게 문제다. 당장이라도 잠들 것처럼 잠이 쏟아지는데, 마지막 정신을 잃는 그 관문을 넘지 못한다. 혹시 움직이면 잠드는 데 방해가 될까 싶어, 언제일지 모르는 잠드는 그 순간을 놓칠까 싶어 아무것도 할 수 없다.

저녁이 되면 몇 번째인지도 모를 반신욕을 하고 욕실의 거울과 마주한다. 붉게 충혈된 눈, 한참 내려온 다크서클, 지쳐서 축 처진 볼살……. 그 모습을 마주하고 엉엉 울고 나면 또다시 밤, 어제의 반복이다.

운동을 해보는 게 어떠냐고 묻는데, 그게 바로 편견이다. 불면증인 사람에게 무작정 운동하라고 하지 말아줬으면 좋겠다. 불면증은 운동으로 개선되기는 하지만 치료되지는 않는다. 운동으로 개선되는 수많은 질병처럼 말이다. 운동을 한다고 말기암이 완치되는 게 아니듯 불면증도 운동한다고 완치되지는 않는다.

"이해가 안 돼. 지칠 때까지 뛰고 나면 잠이 오겠지. 어떻게 잠이 안 와?"

많은 사람이 내게 그렇게 물었다. 나도 이해가 안 된다. 하지만 이해가 안 된다고 해서 존재하는 질병을 부정하지는 말아주기를 바란다. 불면증에 대한 편견은 잠들지 못해 괴로워하는 이들에게 또 다른 고통을 안겨준다.

누가 나에게 인류 최대의 발명품을 꼽으라고 하면 단연코 수면제를 꼽을 것이다. 혹시 당신이 불면증으로 괴로워하고 있다면 정신과 진료를 권한다. 불면증은 다양한 이유로 발병하지만 비교적 치료가 간단한 질병이기 때문이다.

하지만 잊지 마라.

하얗고 길쭉한 10mg 졸피뎀이 주는 행복은 반드시 의사의 처방으로만 자신에게 허락해야 한다.

각성제, 머리가 좋아지는 약

페니드는 중추신경을 자극하는 각성제다. 내가 가장 좋아하는 약이고, 친구들이 가장 관심 있어 하는 약이며, 향정신성의약품이어서 의사와 매일 옥신각신하며 처방받는 약이기도 하다. 의사는 페니드를 끊어야 한다고 설득하지만 나는 절대로 안 된다며 처방해달라고 조른다. 페니드는 흔히 ADHD 치료제로 쓰이며, '공부 잘하게 되는 약'으로 알려져 강남에서 남자 청소년들이 가장 많이 처방받는 약으로도 꼽힌다.

내가 이 약을 좋아하는 이유는 간단하다. 일단 효과가 확 느껴진다. 먹고 나서 30분 이내에 집중력 향상을 느낄 수 있다. 그래서 워낙 중독성이 강한 약이기도 하다. 인지능력이 저하되어 이해되지 않던 것들이 순식간에 이해되면서 스트레스가 해소되는 기쁨을 만끽하고 나면, 도무지 끊을 수 없다.

우울증을 앓는 내 친구는 이사하고 나서 병원을 옮겼는데, 의사가 페니드 대신 콘서타를 처방해주자 페니드를 달라고 계속 졸라대 결국 처방을 받아냈다. 페니드는 한 알 먹으면 4시간 정도 효력을 보이지만 콘서타는 한 알에 12시간쯤 효력을 유지한다. 페니드는 속방형으로 빠른 효과를 보이지만 그만큼 빨리 효력이 떨어지고, 콘서타는 서방형으로 오랜 시간 효과가 지속된다.

친구는 콘서타가 페니드만큼 효과가 강하지 못해 답답했다고 한다. 사람마다 약 효과는 다른 법이니까. 비슷한 종류의 약 가운데 페니드가 가장 빠르고 강력한 효과를 보인다는데, 나는 페니드만 복용했기 때문에 비교가 어렵다.

한 수험생은 페니드를 복용하고 난 뒤 인터넷 게시판에 이런 글을 남겼다.

> 공부가 너무 잘된다. 머리가 좋은 사람들은 항상 내가 페니드를 복용했을 때처럼 집중력이 좋을 텐데, 그걸 생각하면 억울하기까지 하다. 나는 시험에 합격할 때까지 약을 복용할 생각이다.

그 밑에는 '나도 약을 먹어보고 싶다'는 댓글이 쭉 달렸다.

그렇게 좋은 약이면 일반인이 먹어도 되는 거 아니냐고?

모든 약이 그렇듯 페니드도 부작용이 심각하다. 향정신성의약품으로 분류된 만큼 중독성이 있고, 시간이 지날수록 효과가 떨어진다. 페니드의 부작용으로 가장 많이 거론되는 것이 식욕 저하와 폭식이다. 페니드가 효력을 발휘하는 동안은 입맛이 없다. 다이어트까지 되니 일석이조일 것 같지만 페니드의 효력이 다하는 순간 미칠 듯한 식욕이 몰려든다. 그래서 현재 내 몸무게는 인생에서 가장 높은 수치를 연일 갱신 중이다. 페니드의 다른 부작용은 약 효과가 떨어질 무렵이면 짜증과 신경질이 치솟는다는 것이다. 조금 전까지 잘되던 일이 순식간에 하기 싫어진다. 모든 의욕이 확 떨어진다.

그렇다고 페니드를 끊을 수도 없다. 우울증 덕분에 내 인지능력은 인생에서 최하를 기록하고 있다. 매 순간 나빠진 내 두뇌의 능력을 마주할 때면 더 우울해진다. 톱니바퀴가 맞물리듯 우울해서 인지능력이 떨어지고, 그 떨어진 인지능력 때문에 다시 우울해진다.

나는 어릴 때부터 머리가 좋다는 이야기를 많이 듣고 자랐다.

선생님, 가족, 친구 할 것 없이 누구나 가끔 깜짝 놀라며 나의 인지능력과 집중력에 감탄하곤 했다. 그런 시선 덕분인지 나는 인지능력에 대한 자부심이 꽤 컸다. 집중력이 좋을 때는 교과서 몇 페이지를 한 번 읽고도 외울 수 있을 정도였다.

그랬던 내가 가장 좋아하는 독서조차 하지 못하게 될 줄은 상상조차 못 했다. 인간은 좋아하는 일을 할 때 가장 높은 집중력을 발휘한다. 하지만 우울증이 심각했을 때 나는 아주 흥미로운 유명 소설책 한 페이지도 제대로 읽지 못할 만큼 집중력이 바닥이었다.

사실 평범한 일상생활에도 인지능력이 필요하다. 의사를 졸라 페니드를 처방받았다는 친구는 내게 이렇게 말했다.

"너, 설거지하는 데 얼마나 많은 집중력이 필요한지 아니? 나는 페니드 없으면 설거지도 잘 안 되더라."

친구 말이 맞다. 아주 간단해 보이는 일이라도 집중력과 인지능력이 필요하다. 심지어 걷기조차 집중력이 떨어지면 제대로 하지 못해 여기저기 부딪히고 넘어지기 십상이다.

페니드를 삼키고 30분쯤 지나면 흐려졌던 판단력이 돌아와 결정이 단순해지고, 복잡했던 머릿속이 정리되어 단순해진다. 이런저런 딴생각으로 어지러웠던 머릿속이 깔끔히 정리되니 해야 할 일도 빠르고 정확하게 해낸다. 그러니 당연히 우울감도 줄어든다. 페니드를 끊을 수 없는 이유다.

페니드는 각성제이기 때문에 수면장애를 유발한다. 불면증이 있는 나에게는 심각한 부작용이다. 페니드를 먹어 두뇌를 활성화시키고 졸피뎀을 먹어 두뇌를 둔화시키는 불쌍한 도돌이표 인생이다. 그 생각을 하면 또 우울해지지만, 언젠가는 이 도돌이표에서 벗어날 수 있다는 희망이 점점 커져가고 있다. 우울증이 나아가고 있다는 증거다.

얼마 전에는 페니드 휴지기를 가지기도 했다. 페니드가 없는 생활은 복잡하고 어지러웠다. 간단한 일도 해내지 못해 우왕좌왕, 좌충우돌인 하루하루였지만 잘 견뎌냈다. 어쩌면 언젠가는 페니드 없이도 책 한 권을 한 번에 읽어내던 나로 다시 돌아가지 않을까 하는 희망으로 하루하루를 버텨내고 있다.

그렇게 페니드 없는 하루가 한 달이 되고, 그 한 달이 일 년이 되길 바란다.

가면을 벗다

준비도 되지 않은 채 황급히 결정한 휴직이었다. 휴직 절차상 진단서는 필수였다. 교무부 인사담당자, 교무부장, 교감, 교장 결재 라인을 따라 내 병명이 알려졌다. 세상에 비밀은 없는 법이다. 개인의 사생활이니 보호되리라는 기대는 하지 않았다. 집에서 쉬고 있으면서도 학교 사람들이 내 병에 대해 수군거릴 것을 생각하면 마음이 불편했다. 그렇게 1년, 의사는 6개월의 진단서를 또 한 번 발급해주었다. 그렇게 또다시 6개월 후, 나는 마침내 복직했다.

복직을 하기 전, 내 우울증을 알고 있는 사람들에게 어떻게 대처해야 할지 많이 고민했다. 어차피 쉬쉬하며 알려졌을 내 병을 숨기는 일도 우습다고 생각했다. 한편으로는 다 알면서도 모른 척해줄 동료들을 위해 나도 모르는 척 연극을 하면 어떨까 하는 생각도 했다.

하지만 억울했다. 나는 나쁜 짓을 한 게 아니다. 법을 어긴 것도 아니고, 손가락질받을 비윤리적인 행동을 한 것도 아니다. 그런데 왜 내 병을 숨겨야만 하는가? 왜 내 병을 부끄러워해야 하는가?

화가 났다. 내가 원해서 우울증에 걸린 것도 아닌데, 그저 아프다는 것을 부끄러워해야 하고 숨겨야만 한다는 것에 반발심이 들었다. 정신병에 대한 뿌리 깊은 편견이 1년 6개월 넘게 정신과 치료를 받은 내 안에서도 꿈틀댄다는 사실이 견딜 수 없었다.

그래서 나는 누가 물어보면 당당히 말하기로 했다. 차라리 솔직한 것이 나에게도, 그들에게도 나을 것이라는 판단이 들었다. 알면서도 모르는 척하는 연극 따위는 하지 않기로 했다. 정신과 치료를 받는 내가 정신과에 대한 나쁜 편견을 없애지 못한다면 다른 사람들은 더할 것이다. 그렇게 절반쯤은 억지로, 절반쯤은 자발적으로 나는 정신과 치료를 커밍아웃했다.

이제는 누구에게라도 당당히 말할 수 있다.

나는 '자살생존자'라고, 살아남은 내가 자랑스럽다고.

그렇게 아무렇지도 않게 말할 수 있다.

여우와 신 포도

나는 욕심이 많은 편이다. 법정 스님의 《무소유》를 감명 깊게 읽긴 했지만, 느낀 점은 단 한 가지다. 난 안 되겠다. 그냥 소유에 집착하면서 살아야겠다.

욕심 많은 나 때문에 부모님은 힘들게 뒷바라지를 해주셨다. 피아노, 첼로, 미술, 웅변, 수영……. 남들이 배운다고 하면 나도 꼭 해야만 직성이 풀렸다. 물론 인내심과 끈기가 부족해서 제대로 해보기도 전에 그만두기 일쑤였다. 변덕은 어찌나 심한지 그만두고 몇 달 뒤 다시 시작했다가 한 달도 안 돼 그만둔 일도 있었다.

그나마 내가 유일하게 변덕을 부리지 않고 욕심냈던 것이 책이다. 빌려 읽어도 될 것을 기어이 사달라고 징징대서 당시 나오는 어린이 전집은 거의 다 샀던 것 같다. 지금 생각해보면 그리 넉넉지 않은 외벌이 살림에 엄마의 마음고생이 심했을 것이다. 다른 것도 아니고 자식이 배우고 싶다며 책을 갖고 싶다는데 어떻게 안 된다고 하겠는가. 군인 아버지 월급은 뻔했으니 욕심 많은 딸 때문에 가계부는 아마도 내내 마이너스였을 것이다. 게다가 다 읽은 책은 남에게 줘도 될 텐데 소유욕이 엄청나서 열 번 넘게 이사할 때마다 그 많은 책을 다 가져가겠다고 우겨댔으니, 나는 이래저래 참 골치 아픈 딸이었다.

유난한 욕심과 소유욕, 고집을 다 받아주신 부모님 덕분에 나는 어른이 되어서도 그대로였다. 그래서 문제가 생겼다. 욕심은 많은데 능력이 뒷받침해주지 못한 것이다.

위인전에서나 언론 매체에서 보는 유명 여성들은 모두 다 잘하는 만능이었다. 직업적으로 성공한 것은 당연하고, 사랑하는 배우자와 함께 자식들을 훌륭히 키워내 단란하고 화목한 가정을 이루었다. 나도 당연히 그렇게 살 거라 생각했다. 그런데 현실은 직장에 나가는 것만으로도 버겁다. 자아실현이니 성공 따위는 진즉에 포기했다. 그저 아무 말썽 없이 하루를 보내는 게 목표다.

'그럴 수도 있지' 하면 마음이라도 편할 것을 욕심 많은 나는 그렇게 보잘것없는 자신을 견딜 수가 없었다. 초라한 내가 비참하고, 무능력한 내가 실망스러웠으며, 게으른 내가 불만이었다. 그래서 우울하고 짜증 나고 화났다. 냉정하게 객관적으로 평가할 때 대한민국의 평균적 삶을 살고 있으면서도 말이다.

모든 것을 잘하고 싶다는 욕심에 휩싸인 나는 포기나 체념을 배우지 못했다. 그래서 자신을 우울과 좌절로 몰아넣었다. 모두가 과다한 업무를 해낼 수 없을 거라고 입을 모아 걱정했지만, 나는 보란 듯 해내고 싶었다. 모두 내 욕심 때문이었다. 인생에는 포기나 체념이 필요한 순간이 있다는 것을 몰랐다. 나는 구차하게 미련을 떨며 끝까지 욕심을 부렸다.

《이솝우화》에 '여우와 신 포도' 이야기가 나온다.

여우는 포도나무 꼭대기에 달린 포도를 따 먹으려 이리 뛰고 저리 뛰고 노력한다. 하지만 끝내 포도에 닿지 못해 포기하며 여우가 말한다.

"저 포도는 신 포도일 거야."

그렇게 말하며 돌아선 여우가 아무리 생각해도 정말 멋있다. 누구나 체념하고 포기해야 하는 순간이 있다. 어리석은 자기 위안이라도 괜찮다. 욕심부릴 가치가 없다고 긍정적으로 생각하자. 나에게는 아무 소용 없는 것이라고 나를 설득하자. 그리고 끝없는 자괴감에서 빠져나오자.

그래도 그 욕심 덕분에 나는 나 자신을 쉽게 죽일 수 없었다. 아무 가치도 없는 보잘것없는 죽음은 싫었다. 내 죽음을 접했을 때 사람들이 "나 같아도 비참해서 죽고 싶었을 거야" 하고 말하는 게 아니라 "도대체 왜 죽은 건지 모르겠다"며 안타까운 의문을 가졌으면 좋겠다. 죽음은 최악의 순간이 아니라 최고의 순간에 맞아야 한다. 나는 그 욕심을 아직 버리지 못했다.

어쩌면 다 가진 것처럼 보이는 사람들도 실은 뭔가 부족하고 한구석이 허전할지도 모른다. 문득 젊고 예쁘고 부유했던 유명인의 자살이 떠올랐다. 모든 것을 다 가진 것처럼 보였던 그녀도 모든 것을 다 가지지는 못했다. 많이 가진 자일수록 없는 것 한 가지에 더 불행한 법이다.

결국 나의 불행은 항상 나보다 더 많이 가진 사람을 질투하고 나보다 더 능력 있는 사람과 비교하며 열등감만 키우는 삶의 태도에서 생겨났다. 한 번에 삶의 태도나 방식을 바꿀 수는 없겠지만, 일단 문제를 알았으니 해결하려는 시도는 해봐야겠다. 아니, 노력해봐야겠다. 그 누구도 모든 것을 다 가지지는 않았다는 것을 마음에 새기고.

다른 길

어렸을 때 내 앞에는 수많은 길이 펼쳐져 있었다. 그 수많은 길 가운데 어느 길을 선택해야 할지 몰라 방황했고, 내가 잘못된 선택을 할까 봐 두려웠다. 교사라는 직업을 선택하기까지 오랫동안 고민했다.

그리고 시간이 흘러 어느 날 문득, 내 앞에 펼쳐진 길이 하나밖에 남지 않았다고 생각했다. 좌회전도 우회전도 몸을 돌려 유턴할 수도 없는 낭떠러지 옆의 좁은 일방통행로. 심지어 그 길은 매끈하지도 않았다. 풀숲이 우거지고 자갈이 울퉁불퉁한 길은 발이 아파 걸을 수도 없었다. 그 길로 가고 싶지 않은데도 몸을 돌려 되돌아가는 것이 불가능해 꾸역꾸역 익숙한 길을 가는 나 자신이 한심하고 불쌍했다.

얼마나 더 걸어야 하는지, 그 길 끝에 뭐가 있는지는 예상할 수 있었다. 이제껏 내가 걸어온 만큼만 더 걸으면 편안하고 안정적인 노후라는 끝이 기다리고 있었다. 하지만 언젠가부터 그 지루하고 짜증 나는 길이 소름 끼치게 싫었다. 그 길을 가느니 차라리 지금, 여기서, 그냥 주저앉고 싶었다.

나는 심각할 정도로 소심한 편이다. 언제나 최악의 결과를 예상하며 불안에 떨고, 모험을 즐기지 못하고 안정적인 것을 추구한다. 하물며 놀이공원 롤러코스터도 타지 못하고, 비행기를 타면 수면제를 먹어도 불안해서 잠들지 못한다. 그래서 내 인생은 항상 타인의 기준에 따라 가장 안정적인 길로만 움직였다. 나의 희망이나 꿈은 언제나 무시당했다. 참 재미없고 뻔한 인생이었다.

어느 날 친구가 불쑥 전화를 하더니 밥을 사달라고 했다.

"나 사표 내서 돈 없거든."

친구가 초등교사가 된 지 만 3년이 되어가는 2월 말이었다. 다른 직업을 구한 것도 아니었다. 친구가 힘들어하는 것은 나도 알고 있었다. 친구는 출근한 지 일주일 만에 초등교사가 적성에 맞지 않는다는 것을 깨달았다고 한다. 하지만 임용고사에 합격해 정교사가 되었는데 그 '좋은' 직장을 그만두겠다는 친구를 모두 나서서 말렸고, 특히 부모님의 반대가 심했다. 물론 나도 반대했다.

"대책을 세워놓고 그만둬야지. 정 못하겠으면 일단 휴직하고 다른 길을 찾아보든지."

모두의 거센 반대에 부딪혀 친구는 차마 사직서를 내지 못했다. 그렇게 망설이다 어영부영 시간이 흐를 줄 알았다. 교대나 사대는 전공 특성상 다른 직업을 찾기도 힘들기 때문이다.

"하루하루 지나서 3월 개학이 다가오는 게 너무 두려워서 죽고 싶었어. 정말 견딜 수 없을 정도로 싫었어. 아침에 깨서 인터넷에 접속했는데, 강원도의 어느 초등교사가 아파트에서 뛰어내렸다는 기사를 봤어. 부모님이 사직을 반대해서 갈등이 심각했다는 기사를 읽는데, 정말 남의 얘기 같지 않더라. 나도 어느 순간 확 돌아서 뛰어내릴지도 모른다는 생각이 들었어. 그래서 그날로 학교에 가서 사표 냈어. 교장이 일단 1년 동안 전담 교사[1]를 하게 해주겠다면서 담임을 쉬면 생각이 바뀔지도 모른다고, 후회할 거라고 말리더라. 그런데 전혀 흔들리지 않았어. 그냥 기간제 교사 빨리 뽑으라고 하고는 얼른 나와버렸어."

친구가 사직했다는 사실을 안 부모님은 친구를 집에서 쫓아냈다. 갈 곳이 없어 여기저기 떠돌면서도 친구 얼굴에서는 웃음이 떠나지 않았다.

"한밤중에 두들겨 맞고 집에서 쫓겨나 갈 데가 없어서 찜질방에서 자는데도 아무렇지 않더라."

나는 아무 말 하지 않았다. 어차피 되돌릴 수도 없었다. 나도 가끔은 학교 가는 게 두렵고 싫지만, 차마 사표를 던질 용기가 나지 않았다. 아무리 좋아하는 일이라도 직업이 되면 힘들고 싫어지는 법이다. 어떻게 생계를 유지할지도 걱정이었다.

"엄마가 매일 전화해서 설득해. 다시 임용고사 보라고."

당시 서울을 제외한 지역의 초등임용고사 합격률은 거의 100%였다.

"괜찮아. 설마 굶어 죽기야 하겠어? 굶어 죽어도 상관없어. 어차피 선생질 계속하다가는 빌딩에서 뛰어내려 죽을 테니까. 굶어 죽으면 최소한 시신이라도 멀쩡하겠지."

친구는 해맑게 웃었다. 그 웃음이 다행스럽기도 부럽기도 했다. 친구는 아르바이트를 하다가 교사보다 임금도 적고 조건도 나쁜 직장에 계약직으로 취직했다.

다른 친구들은 모두 확신에 차서 수군거렸다.

"결국은 학교로 다시 돌아올 거야. 월급이 워낙 적어서 아르바이트도 계속한다면서? 게다가 언제라도 해고될 수 있는 계약직이잖아. 지금은 그동안 모아둔 돈으로 버티겠지만, 돈 떨어지면 다시 임용고사를 보겠지. 괜히 시간 낭비하는 거야. 지금은 초등 임용고사 합격률이 높지만 몇 년 지나면 경쟁률이 높아질 텐데, 분명히 후회할 거야."

부러움, 질투, 걱정……. 많은 감정이 뒤섞인 사람들의 예상은 보기 좋게 빗나갔다. 친구는 끝내 학교로 돌아오지 않았다.

20년이 지난 지금, 비록 아직도 계약직인 데다 월급도 적지만 친구는 전혀 후회 없이 살고 있다.

동료 교사들은 투덜거린다.

"나도 이 직업이 싫어. 하지만 이런 불경기에 교사만큼 안정적인 조건의 직업을 구하는 건 불가능하잖아."

선배 교사들은 충고했다.

"직업이 되면 다 싫어지는 법이야. 그리고 나이라도 어리면 모를까 이 나이에 뭘 어떻게 하겠어? 뭔가를 시작하기엔 너무 늦은 나이야. 그러니 싫어도 해야지. 먹고살려면 어쩔 수 없지."

그렇게 사람들은 다른 곳은 쳐다보지도 않고 자기 앞에 놓인 길만 걸어가고 있다. 모두 힘들다고 투덜대면서도 충고는 꼭 덧붙인다.

"지금 와서 다른 일을 시작한다고? 그러다 늙어서 고생이지."

하지만 나는 다른 길도 걸어보고 싶었다. 저 멀리 낭떠러지 밑에 흐르는 강물도 보고 싶고, 산꼭대기에 피어 있는 꽃도 보고 싶었다. 그러다 깨달았다. 길이 없으면 내가 만들면 된다. 거친 수풀을 베고 울퉁불퉁한 자갈을 파내며 새 길을 만들면 되는 것이다. 그러다 누군가가 만들어놓은 샛길과 만나면 그 길도 걸어보고 싶었다.

물론 이런 생각은 위험하다. 발을 헛디뎌 낭떠러지로 떨어질 수도 있고, 갑자기 튀어나온 야생동물에게 잡아먹힐 수도 있다. 게다가 내가 꿈꾼 것과는 달리 그 길 끝에 반짝이는 강물도 예쁜 야생화도 없는 황량한 벌판이 있을 수도 있다. 그렇다고 해도 나는 지금도, 용감하게 또 다른 길로 가려는 시도를 계속한다.

내가 소설을 처음으로 완성한 것은 1급 정교사 연수 때였다. 여름방학 때, 경력이 만으로 3년이 된 경기도의 지구과학 교사들이 모두 모여 강의를 들으며 필기하는 동안 나는 몰래 소설을 썼다. 당시에 1급 정교사 연수 성적은 교감으로 승진할 때 중요했다. 하지만 나는 더 이상 공부는 하고 싶지 않았다. 단지 이수를 못 하면 골치가 아파지니 출석점수라도 채우자는 마음이었다. 한 달 동안 강의실 맨 뒷자리에 앉아 글을 쓰고 집으로 돌아와 다시 고쳤다.

항상 글을 쓰고 싶었다. 하지만 입시에 치여서, 학점을 따느라, 직장생활 하느라 바빠서 꿈만 꿨다. 다른 일을 하면서 글을 쓴다는 건 능력이 부족하고, 체력도 약하고, 스트레스에 휘둘리는 나에게는 불가능한 일에 가까웠다. 그리고 자신도 없었다. 과연 내게 글 쓰는 재능이 있기는 한가에 대한 의문이 끊임없이 날 괴롭힐 때였다. 문득 내 꿈이 안타깝고 안쓰러웠다. 내 꿈을 내가 무시하고 짓밟는데 어떻게 꿈을 이루겠는가? 그래서 주먹을 불끈 쥐고 용기를 냈다.

1급 정교사 연수가 끝나는 바로 그날, 출판사 열 곳에 원고를 메일로 전송했다. 다음 날 한 출판사에서 연락이 왔고, 나는 고민하지 않고 계약했다. 그리고 가을에 소설이 출판되었고, 운이 좋아 드라마로도 만들어졌다. 그리고 나는 지금도 글을 쓰고 있다.

요즘 들어 연금 수령이 가능한 경력 20년만 되면 명예퇴직을 신청하는 교사들이 늘고 있다.

"일단 모아둔 돈으로 버티다가 힘들면 편의점 야간 알바라도 하려고. 편의점 야간 알바가 힘들어서 사람을 구하기 힘들대."

친하게 지내던 교사가 20년이 되자마자 명예퇴직을 신청하며 한 말이다.

도저히 견딜 수 없다며 경력 17년 차 교사가 사직서를 내는 것도 보았다. 모두 3년만 더 견디라고 설득했지만, 그 교사는 기어이 그만두었다.

새내기 교사들의 자살 소식이 연달아 들려온다. 누군가는 어리석은 선택이라고 비난하고, 누군가는 안타깝다고 눈물 흘리며, 누군가는 원인을 분석하려 노력한다.

한 사람이 죽음을 결정하고 실행하기까지의 과정은 단순하지 않다. 서민들은 교사를 꿈의 직업이라 말하지만, 그렇지 않다. 교장은 학연이나 지연을 들먹이면서 카르텔을 만들고, 교감은 횡포를 부려서 누군가의 삶을 무너뜨리고, 교사들은 그렇게 어이없이 권력에 희생당하는 동료를 보고도 자신의 안위를 위해 모른 척하고, 학생은 담임을 무시하고, 학부모는 교사를 협박하고……. 꿈은 이미 더럽혀졌다.

몇 년 전까지만 해도 교대나 사대의 경쟁률은 치열했다. 학교에서 손꼽을 만한 모범생들이 교사를 꿈꾸며 최선을 다해 노력했다. 교사가 되려면 16년이라는 시간을 공부해야 한다. 그 긴 시간 동안 온갖 유혹과 갈등에 시달리면서도 교사라는 꿈을 이루려고 이 악물고 버텼을 것이다. 그 꿈이 무너졌을 때 받았을 상처와 고통을 이해한다. 억울하고, 화나고, 절망하고, 좌절했을 그들에게 충분히 공감한다. 나도 그랬으니까.

한 인간으로서 나는 존중받지 못했다. 철저히 짓밟아도 되는 하찮은 존재로 취급받았다. 나는 언제든 쓰다 버려도 되는 소모품에 불과했다. 울었다. 지쳤다. 체념했다. 포기했다. 그리고 어느 순간부터는 울 수조차 없을 정도로 무기력해졌다. 아무것도 하기 싫었다. 매일 밤 창밖을 바라보며 고민했다. 창문을 열고 뛰어내리면 그만이었다. 매일 아침 출근 때마다 갈등했다. 자동차 핸들을 틀어버리면 끝낼 수 있었다. 학교에서는 공강 시간마다 과학실 문을 걸어 잠그고 멍하니 독극물이 들어 있는 장을 바라보며 주저앉아 있었다.

나는 무조건적 비폭력주의자다. 어떤 이유로든 생명에 대한 폭력 자체를 용납해서는 안 된다는 신념이 확고하다. 삶은 위대한 뭔가를 해내는 게 목적이 아니라 살아내는 것 자체가 목적이라고 매일 되뇌었다. 내 생명도 내가 보호해야 하는 생명이니 해쳐서는 안 된다고 나 자신을 매일 설득했다. 하지만 감정은 내 마음대로 되지 않았다. 그리고 감정은 이성과 신념보다 훨씬 강했다.

죽고 싶은 나 자신을 이해할 수 없었다. 죽고 싶어 하는 것조차 내 잘못이라 생각했다. 우울과 불안은 극복할 수 있는 감정이라 착각했다. 교사로서 실패한 나 자신을 견딜 수 없었다. 흔하디흔한 학생들의 말썽 따위에, 겨우 학부모의 어이없는 비난 따위에, 그깟 교감의 갑질 따위에 무너진 나 자신을 용서할 수 없었다. 다른 교사들은 더 나쁜 환경에서도 흔들림 없이 멀쩡해 보였다. 그러니 교사 자질이나 능력이 부족해서 내가 힘든 것이라 생각했다. 하지만 아니었다. 절대로 아니다.

육체의 고통을 느끼는 통점은 사람마다 개수가 다르고, 아픔을 느끼는 뇌의 민감성도 사람마다 다르다. 마음도 마찬가지다. 타인의 기준으로 자신의 상처나 고통을 판단해서는 안 된다. 남들이 보기에는 하찮은 고민이라도 나에겐 인생을 뒤흔들 고난일 수도 있다. 남들이 보기엔 보잘것없는 일에 매달려 슬퍼하는 것 같아도 나에겐 몸 안의 수분을 모두 쏟아낼 아픔일 수도 있다. 남들이 보기엔 사소한 상처에 불과해도 나에겐 견딜 수 없는 고통일 수 있다. 그러니 자신의 상처와 고통을 하찮게 취급하지 말아야 한다.

사소한 상처라도 내버려두면 안 된다. 아무리 작은 상처라도 치료하지 않으면 덧나기 마련이다. 고통은 참고 견뎌서 극복하는 것이 아니라 모든 수단과 방법을 가리지 않고 치유해야만 한다. 그러려면 우선 자기 자신을 용서해야 한다. 당신의 잘못이 아니다. 당신에게 쏟아진 비난에 휩쓸리지 마라. 결코 당신의 노력이나 자질이 부족해서가 아니다. 당신은 이제까지 죽을 만큼 노력해왔다. 그 정도면 충분하다.

어느 날 아침 일어나 도저히 출근할 자신이 없으면, 차라리 죽는 게 낫겠다고 느껴지면 출근하지 않으면 된다. 괜찮다. 그냥 모두 다 내던지고 도망쳐도 된다. 아무것도 걱정할 필요 없다. 당신은 자기 자신만 생각해라. 당신을 무시한 학생, 당신을 멸시한 학부모, 당신을 모욕한 교장 따위는 생각하지 마라. 그들은 당신의 배려를 받을 자격이 없다. 당신이 희생할 만한 가치가 없는 사람들이다. 그러니 버려라.

그 무엇보다 당신이 소중하다. 당신이 도망쳤다고 비난할 사람은 없다. 죽기 싫어 도망쳤다고 욕하는 사람은 무시해도 된다. 인간에 대한 예의나 배려를 모르는 사람이 내뱉는 비난 따위를 두려워할 필요 없다. 그러니 그냥 도망쳐라.

무작정 도망치다 보면 다른 길이 나타나는 법이다. 멀리 도망친 다음 쉬면서 주위를 둘러봐라. 당신의 마음에 드는 길이 반드시 나타난다. 그 길을 걷기 위해서라도 반드시 상처를 치유해야만 한다. 낯설고 험한 길이라고 두려워하지 마라. 너무 힘들면 되돌아서 나오면 된다. 꼭 길이 끝날 때까지 걸어야 하는 것은 아니다. 그저 포기하지 않고 계속 걷는 것만으로도 당신은 충분히 대단하다.

위대한 업적으로 사회에 공헌하거나 대단한 성공으로 나라를 빛내야만 꼭 훌륭한 삶은 아니다. 어쩌면 삶은 살아내는 것만으로도 의미가 있는 게 아닐까 싶다. 수많은 역경과 고난에도 굴복하지 않고 그저 살아내고 있다는 사실만으로도, 나에게만 닥치는 듯한 불행을 견디면서 삶을 포기하지 않는 것만으로도 당신은 누구보다 존경받을 만하다. 그러니 살아내라.

---

[1] 전담 교사는 초등학교에서 담임을 하지 않고 특정 교과목만 가르치는 교사다. 워낙 경쟁이 심해 임신이나 질병 등 특별한 사정이 있는 경우에나 전담 교사를 할 수 있다.

에필로그

나는 오랫동안 우울증으로 고통을 받아왔다. 내 인생의 그 어떤 순간도 찬란하게 빛나지는 않았다. 타인들이 말하는 '행복'이라는 관념이 내 인생에는 완벽히 배제되어 있었다. 나에게는 좌절, 절망, 분노, 울분, 세상의 모든 부정적 관념만 맴돌았다.

많이 우울한 날과 조금 덜 우울한 날이 있을 뿐이었다.

그렇게 삶이 끔찍하고 처참했냐고?

그렇지 않다.

나는 대한민국 평균의 삶을 살고 있다.

야근을 밥 먹듯 하지만 월급은 쥐꼬리만 한 교사라는 직업 덕분에 2년마다 전셋값이 오를까 봐 전전긍긍해야 하는 신세다. 여자들 대부분이 그렇듯 스스로 뚱뚱하다고 생각하며 다이어트를 하겠다고 결심하고는, "오늘까지만 먹어야지"를 반복한다. 퇴근해서 집에 돌아오면 씻지도 않고 침대에 눕기 일쑤인 데다 '운동해야지', '친구 만나야지' 잔뜩 주말 계획을 세웠다가는 결국 내내 잠만 자는 일도 허다하다. 그러니까 나도 그냥 평범한 사람이라는 이야기를 하고 싶다. 정확히는 평범한 사람도 우울증에 걸려 정신과 치료를 받을 수 있다는 말을 하고 싶다. 나처럼.

우울증은 누구나 걸릴 수 있는 흔한 병이다.

누군가는 우울증을 '마음의 감기'라고 했지만, 감기로도 사람은 죽을 수 있다.

휴직은 나를 위한 마지막 선택이었다. 휴직원을 제출하면서도 나는 죽을 생각만 했다. 그리고 일 년의 휴직 기간이 끝나면 죽기로 결심했다. 일 년이나 최선을 다해 치료했는데도 극복하지 못했다고 변명할 수 있으니까. 또 일 년 동안은 나만을 위한 일을 하면서 보낼 수도 있으니까. 그렇게 죽음을 결심하며 시작한 치료가 일 년이 넘어 5년이 다 되어간다.

나는 내가 정했던 시한부 삶을 살아내고도 생존했다. 덤으로 생긴 인생이니 욕심은 내지 않고 산다. 모두 정신과 치료 덕분이다. 그리고 정신과 치료를 하면서 내 몸에 일어나는 많은 나쁜 증상이 모두 스트레스로 인한 정신과적 문제라는 것을 알았다. 나는 그것도 모르고 괜스레 병원 쇼핑만 해대고, 원인을 찾지 못해 자가 진단을 하고, 이래저래 좋다는 약이란 약은 다 사 먹었다. 그래도 망가진 정신과 육체는 나아지지 않았다.

하지만 정신과 치료 5년 차, 나는 정신뿐만 아니라 육체의 건강도 많이 되찾았다. 정신과 치료에 대한 불신과 의심을 묻어둔 채 꾸준히 치료한 덕분이다. 내 덕분에 주위 사람들도 정신과 치료에 대한 편견을 많이 거두었다. 함께 우울증 치료를 받는 친구까지 생겼다. 그러니 원인을 알 수 없는 통증으로 시달리고 있다면, 정신과 치료를 권한다.

이제 나는 어쩌면 '행복'이라는 감정을 느낄 수 있을지도 모른다는 희망을 안고 살아간다. 당신의 삶에도 내가 느끼는 이 평화가 깃들기를 소망한다.

새우와 고래가 함께 숨 쉬는 바다

선생님, 죽지 마세요

지은이 | 최문정
펴낸이 | 황인원
펴낸곳 | 도서출판 창해

신고번호 | 제2019-000317호

초판 1쇄 인쇄 | 2023년 09월 15일
초판 1쇄 발행 | 2023년 09월 22일

우편번호 | 04037
주소 | 서울특별시 마포구 양화로 59, 601호(서교동)
전화 | (02)322-3333(代)
팩스 | (02)333-5678
E-mail | dachawon@daum.net

ISBN 979-11-91215-84-7 (03370)

값 · 16,000원

Publishing Club Dachawon(多次元)
창해 · 다차원북스 · 나마스테